日本一強いスーパー ヤオコーを創るために母がくれた50の言葉

川野幸夫

はじめに

ものを売ることが難しい時代になりました。

しかし、当社、株式会社ヤオコーは2011年3月期まで22年連続増収増益（単体決算）を続けています。店舗も首都圏を中心に計114店まで増やしてきました。日本を代表する企業に比べればまだまだ小さな会社ですが、デフレ・不況のなかでも着実に成長を続けているので「日本一元気な小売企業」と呼ばれることもあります。

よく、「なぜヤオコーさんは不況なのに元気なのですか」と訊ねられることがあり、私はさまざまな理由を挙げています。しかし、実際のところ、「小さくても強い企業」と言われるヤオコーを支えているのは、当社の実質的な創業者である母・川野トモの〝遺伝子〟がいまでも会社の底流に流れているからだと考えます。

母は「商人道」という言葉を、まさに体現した人でした。母の商人としての60年余りは正しい商いの道を、まっしぐらに、しかも一所懸命に歩んできた歴史だったと思います。

本書でご紹介する母の言葉について、作家の村上龍さんがテレビ東京『カンブリア宮殿』で次のように言われました。

「今の時代の経営にも十分当てはまる言葉でまったく時代遅れではなく、これを経営学を本格的に学ばれたわけではない方が、しかもまだスーパーマーケットの黎明期に片田舎——と言っては失礼だが——の経営者が考えていたことは驚嘆に値する」

自分の母親のことですので気恥ずかしいのですが、その母の言葉がヤオコーの経営に現在でも大きな影響を与えているのは事実です。

2011年3月11日に発生した東日本大震災では、当社も一部店舗が被害を受けました。そして普段は意識していませんが、今回は咄嗟《とっさ》に「母ならどうしたか」と考えていました。そしてとにかくまず素早く、取引先約150社にお見舞い金をお渡しすることにしました。

さすがに、平時に「母ならどうしたか」と改めて考えはしませんが、それはすでに私やヤオコーのなかに母の言葉が生き続けているからだと思います。

＊

当社は「八百幸《やおこう》商店」という名前の八百屋として1890年に創業しました。その後、町の小さな八百屋から、1958年のスーパーマーケット化、1968年のチェーン展開へと、事業としての大きな決断をしましたが、それを主導したのは母・トモでした。母は、度胸のある経営者だったと思います。一方で、まるで創業時のような家庭的なきめ細かい経営を忘れない人でもありました。ヤオコーに息づく母の言葉は、どのようにして生み出されたかを少しご紹介しておきます。

母は小学校の代用教員を2年間務めた後、1941年に父・荘輔《そうすけ》のもとに嫁いできて以来、2007年8月に亡くなるまでヤオコーの経営に携わっていました。

嫁にきた当初は苦労もあったようです。父と母は、父の実兄である清三《せいぞう》・志《し》げ夫婦の養子となりました。ただでさえ嫁姑《よめしゅうと》の関係には苦労するものでしょうが、複雑な関係性もあり、私が幼い頃には「実家に帰る」と言い出した母を泣きながら止めた記憶もあります。

しかし、もともと商家の出身だった母は、だんだんと商売に面白みを見いだしていきます。戦後は日本全体がもの不足の時代でした。母は車窓もろくにないような当時の東武東上線の混雑した車両に乗り込み、東京都内まで買い出しに出かけていました。そもそものがないので、仕入れたものが面白いように売れる。どんどん売れると母も面白い。そんなふうに商売の楽しさを覚えていったようです。

また、もともと負けず嫌いでもあったのでしょう。当時の八百幸商店のなかでも、また川野家においても、その存在を認めてもらうためには、がむしゃらに働くしかないと思ったようです。がむしゃらに働きながら、肌で経営を身につけたのでしょう。

八百屋からスーパーマーケットに転換することを当時の主人だった清三に訴えたときも、なかなか首をタテに振ってもらえませんでした。そこで、母はその頃いち早くスーパーマーケット化を実現して事業を軌道に乗せていた群馬県前橋市の松清中央店（現・フレッセイ）に教えを請いに乗り込むなど、東奔西走したようです。結局、清三も母の行動力や熱意に負けて、事業転換に踏み切った経緯があります。

そんな度胸と根性のある母でしたが、一方で女性らしい家庭的な面や、きめ細やかな面もありました。従業員に対しては、家族同然という気持ちを持っていたように思います。

亡くなる5年くらい前の秋、骨粗鬆症《こつそしょうしょう》を患い病床にあった母が、「今の時期に満期になる定期預金がないので、お前のお金で500万円を用意してくれ」と私に言ったことがありました。しかも「新券で」と言うのです。

何に使うのか、とは聞きませんでしたが、従業員への「お年玉」用だとピンときました。長く母の身の回りの世話をしてくれていた秘書が定年退職したので私に頼んだのでしょうが、お陰で、毎年、お年玉をそのくらいは用意していたという母の気配りを知ることができました。

社内運動会でも、社員の子供向けに配る小さな手作りの巾着袋を100枚以上、一つひとつ名前入りで用意していました。社員だけでなく、お子さんやご家族の名前まで覚えていたことには自分の母親ですが頭が下がります。

母のお客さまに対する姿勢については、本書のなかにも多数登場しますが、たとえば雪が降ったら、店周りの雪かきを真っ先に気にしていました。お客さまが雪に足を取られてけがをすることがないようにと心から思っていました。また、レジ担当の店員の態度が悪かったため「しばらくヤオコーには行きたくない」と言っているお客さまがいると聞いたら、すぐさまそのお客さまに電話を直接かけて誠心誠意謝り、お気持ちを直していただいたこともあります。

昔はお客さまとの関係も今とは違って、おおらかな部分もありました。母は、お客さまの赤ちゃんを抱かせてもらったり、気軽に声をかけたりしながら、お客さまにとっての最善のサービスを考え続けていたのだと思います。

経営のかじ取りで発揮された決断力や度胸の良さだけでなく、このようなお客さまや社員へのきめ細かな対応が、ヤオコーの原動力です。母は「ヤオコーに嫁にきた」と言われるほど、その礎をつくった人でした。

＊

そもそも、われわれのような小売業は、不特定多数のお客さまを相手にする商売です。生身の人間を相手にするわけですから、長く続けていくためには、母のようにお客さまに対して正直で誠実であり続ける必要があります。そしてお客さまから「このお店なら」と選んでもらえるように信頼されなければいけません。

米国のリンカーン元大統領の言葉に「すべての人を少しの間だけだますことはできる。一部の人をずっとだますこともできる。しかし、すべての人をずっとだますことはできない」というものがありますが、われわれの商売もまさにそのとおりのことが言えます。

その意味で、母の商売に対する姿勢がバックボーンとして根づいていることが、当社の大きな強みになっています。

たとえば、当社は「個店《こてん》経営」と呼ぶ体制を取っています。チェーン展開するほかの小売業者が本部主導型の中央集権体制を取っていることが多いなか、個店経営を行うのには理由があります。パートナーさん（パート従業員）を含めた現場の社員全員に比較的大きな裁量を持たせ、地域に合わせた品揃えや販売展開を行うことで、お客さまの求めに素早く、柔軟に応えるためです。「お客さまの喜ぶ顔が見たい」と言いながら母が続けてきた経営の発展形とも言えるでしょう。

日本ではこれから少子高齢化が進んで市場全体が縮小していきます。競争もますます厳しくなるでしょう。しかも、お客さまのニーズは「十人十色《じゅうにんといろ》」どころか「一人十色《ひとりといろ》」と呼べるほど多様化し、その要求水準もどんどん高くなる傾向にあります。

これは、われわれのような小売・流通業に限らず、商売に携わっている人なら誰にでも当てはまることだと思います。そんななかで生き残っていくためには、「何を売りたいか」「どんな会社になりたいか」を明確にすると同時に、お客さまも気づいていないような新しいニーズを発掘・提案することが重要になります。お客さまに何をしたら喜んでもらえるかに気づくには、何よりもお客さまに近くなければなりません。

現在のようなビジネス環境だからこそ、母の言葉の重みも一層増すのではないでしょうか。

本書は、その母の時折々の言葉をまとめて社内用に配布している『商いのこころ』をもとに、再編集を施したものです。母が商売をするうえで考えたり思ったりしたこと、思わぬクレームを寄せられて悩んだことなどが率直に語られており、母なりの「商人道」についてのエッセンスが詰まっているといってもよいでしょう。

本書を読んでいただいた皆さまが、毎日の仕事や経営を手がけるうえで困ったり、行き詰まったりしたときなどに、母の言葉や考えが何かのヒントになれば幸いです。

２０１１年９月

ヤオコー会長　川野　幸夫

本文（第1章から第4章）は、ヤオコーの実質的な創業者である川野トモ前会長が、１９８８年～２００２年に主にヤオコーの社員に向けて語ったものです。編集に際しては、年号や地名、人名、会社名、言葉遣いなどについて、一部、説明を加えました。

——編集部

日本一強いスーパー　ヤオコーを創るために母がくれた50の言葉◉もくじ

第1章 不況に負けない強い経営力をつけるための言葉

第2章 お客さまに好かれ信頼されるための言葉

第3章

部下を育てるために必要な言葉

第4章 自分の能力を高めるために覚えておきたい言葉

第1章 ◉ 不況に負けない強い経営力をつけるための言葉

1

行き詰まりを打破するには自分が変わるしかない

振り返ってみますと、ヤオコーも激動の年を乗り切ってきたことがよくわかります。つまり、今までの状況を乗り越えて変革に挑戦したのです。

変革するということは、価値観を変えていくことです。過去のやり方や過去の組織にこだわっていると、今の環境に適応できないで、世の中にとり残されて結局苦しむことになるからです。つまり自分自身が今までの考え方から脱皮する、生まれ変わらないとダメです。要は自分の今までの考えを否定する精神が必要不可欠になります。

「今までの考えを棄てて新しいものをとる」。言うのは簡単ですが、これは生みの苦しみです。特に過去の経験が多ければ多いほど矛盾が起きますが、この転換期をチャンスにするには、もう自分の意識を革新すること以外にはありません。

自動車や電機メーカーなど、これまで成長を主導してきた基幹産業も、相変わらず先行きが不安だと訴えています。そしてデパートをはじめ私たち小売業も右にならう状況です。消費者もほんとうにものを買わなくなりました。いろいろな事情があるとしても、消費者がほんとうに買いたくなるような魅力ある商品がなくなってしまったのだと思います。言い換えますと、日本の国の一人ひとりがあまりにも豊かになりすぎて、つまり満腹状態で買いたい商品がなくなってしまったのです。

各家庭に車は1台以上あるし、一連の家庭電気製品は揃っているし、着たいもの、食べたいものもたくさん出回っていて、もうそれぞれが今まで想像もつかなかったほど豊かで、便利で、快適で、楽しい生活ができるようになったからです。

でも今は、その豊かさがだんだんとタネが尽き、飽きがき、「行き詰まり」という状態なのです。

そこでわれわれ商人が直面する最大の課題は、この「行き詰まり」をどのようにして打破するかということにあるのですが、この「行き詰まり」を打破するには「新しいライフスタイルを創造する」ことに尽きるわけです。つまりそれは「豊かさの中身を一新する」ことなのです。

そのためにはわれわれ商人が意識革新をして、新しい商品なりサービスなりを生み出して、それが人びとに喜んで迎えられ、人びととの生活のなかに定着して、生活が大きく変わることなのです。

こうして世の中をより楽しいライフスタイルに変えていくという仕事は、政治や行政や研究機関ができることではなく、それはわれわれ企業だけができる仕事であり、企業の社会的責任の最たるものだと思うのです。

このように不況が深刻化してきますと、どこの企業も業績を上げるために全力を尽くします。当社もしかりですが、そのためにそれぞれの管理者は部下に「業績、業績」と強く言うと思います。ところが業績を上げることが自分にとってどんな意味があるのかわからないと、その社員は本気になって仕事に取り組まないのです。「会社のために、上司のために、他人のために働かされている」と思うわけです。そうすると会社の考えと社員の考えが一致しないのです。

不幸のすべてはここからはじまります。それぞれの管理者は「業績のために頑張ることが自分自身のためなんだ」と部下にわからせることが重要な仕事なのですが、幹部の指導の仕方もあり、部下も10人が10人の個性の持ち主ですから、現実には大変難しいのです。そのために上司と部下たちが一緒になって「会社の願いと社員の願いとが共通するところは何なのか」を真剣に考えていくことが大切なのですが、この共通の部分を考えていきますと、行きつくところは結局、社員一人ひとりの成長しかないと思うのです。

会社は常に「社員の幸せ」を第一に考えています。皆さんも、よく考えてみますと、成長しなければ幸せにはなれないはずです。誰もが「幸せになりたい」と思っているのです。それには自分自身が成長するよう努力することだと思います。

見ておりますと、当社のなかでも問題を悪くこじらせてしまって、周りじゅうに迷惑をかけながら、まだ他人のせいにしているような大人気ない人がいます。こういう人たちはもうそれ以上には伸びません。

人間という字は「人の間」と書きますが、まさにそのとおりで、相手との呼吸合わせができるようになればもう一人前の人間と言えます。

予測された以上にいろいろな困難や試練が押し寄せています。それぞれが本気で仕事に取り組まないとこの時期を乗り越えられません。これを違う角度から考えてみますと、この転換期こそ何世紀に一度の大転換期と捉えるべきであり、ヤオコーが発展するための千載一遇のチャンスともいえます。ひいては社員一人ひとりにも言えることだと思います。

2

厳しいときこそ実力を試すチャンス

会社そのものが崩れるかもしれない現今では、つまり働く社員たちの生活基盤も決して安心できないわけです。よく聞く話ですが、「ローンもあるし子供にもお金がかかる、だからお金は無駄に使えない」。

でも、一方ではあまりにつつましい生活も寂しすぎるというわけです。結局お客さまがわれわれ商人に訴えるものは、ものそのものの「価格」や「必要性の度合い」はもちろんですが、それだけでなく「きちんと相談にのってくれる」「期待した以上の満足を与えてくれる」。それができるかどうかなのです。

今はどこの企業でも「顧客満足度向上」をスローガンに掲げ、やっきになって努力しています。ですから今は「正確」とか「感じが良い」なんてことは、ごくあたり前の最低の基礎条件なのです。気がついてみると、自店がやっている努力は他店も同じようにやっており、結局は皆横並びにしかすぎないということです。そして、その上を行こうと努力する結果が差別化につながっていくわけですが、この努力がなかなか大変なのです。

昨年（1998年）の歳末に、イトーヨーカドーさんの消費税還元セールを皮切りに、ほとんどの小売店同士のディスカウント合戦がはじまり「うまくいっている」という噂も飛び交いました。当社でも、幾人かの幹部が「当社はどうしてやらないのか」と、とても歯痒《はがゆ》そうでした。

では、当社もその方法を取り入れてやってみて、果たしてうまくいくのでしょうか。実行したところで思ったような大きなインパクトにはならないと思いますし、先行している他社に追いつくはずもないのです。

当社は、社長（現・川野幸夫会長）の方針である「やるべきことをしっかりやってお客さまにわかっていただく」、このことをよく守って社員の皆さんが力を合わせてくれました。私はその点ではよく頑張ってくれた皆さんに拍手を送っています。

経済成長の度合いが低いということは、社会全体の利益が少ないことの証明です。限られたパイを取り合うわけですから、競争は確実に激化の一途をたどります。企業の業績も当然右肩下がりになります。その結果、働いている人たちの所得も下がっていくことになるわけです。

　こうした競争社会ですと、必然的に優勝劣敗の法則が適用されることになるのです。企業もビジネスマンも、実力を生かして使う者は好業績を上げ、当然勝利者になるわけですが、反対に実力を出し惜しむ者は低いレベルの待遇に落ちていくわけです。

　だからといって、中には「ひどい世の中だ、冷たい会社だ」とうらむ人もあるでしょうが、それは間違っています。

　厳しくなるからこそ、考え方や意欲次第で実力が生かされるわけですから、面白く働き甲斐のある時代なのです。また、そう考えるほうが、毎日が楽しいと思います。

　当社は将来、この業界のお手本になるような立派な企業になりたい、という大きな理想のもとに全力をあげています。皆さんも同じく大きな夢を抱いて頑張ってください。

3

「築城100年落城1日」現場を離れれば明日はない

お陰さまで、今ではたくさんのお客さまから「期待に応えてくれている」というありがたいお言葉をいただくようになりました。が、それだけに日頃お客さまが、当社を注視しているものと、改めてその責任の大きさを自覚しています。

昔から「築城10年落城3日」と言われますが、現在は「築城100年落城1日」と言えます。当社といたしましても、現社長（現・川野幸夫会長）に至るまでの信用をどのように築いてきたのか、その重みを今こそ社員の皆さまにぜひわかってほしいと思っています。その道程には幾多の「忍耐」「屈辱」「艱難辛苦《かんなんしんく》」があり、言葉では言い尽くせません。

「根性」などという言葉は、皆さんは久しく聞かない言葉でしょうが、私たちの体内には、いつも「根性」という熱い血が流れていました。もし、私たちが利己的行動を優先していたら、ヤオコーはお客さまの支持と信用を得られなかったはずです。「当社の事業は必ず世の中の役に立つ」という大きい誇りと使命感が、今のヤオコーを創ってきたのです。

かつてのプロ野球選手の鉄人、衣笠祥雄さん（現・野球解説者）が言ったように「プレーヤーはホームランを打つということより、より打席に多く立って各種の球を打って空振りを経験し、周りから非難され口惜しさを味わって自分の未熟さを反省し、そのなかからコツを会得し、はじめて生きた知恵が生まれてくるのであり、それにはまずそれに伴う『行動』あるのみ。そして、その内側にあるものは『根性』である」と。

私たちの仕事もしかりであり、どんな世界でも勝負の原点は「行動」であり、「根性」なのです。

当社の目的は、常に顧客の創造にあります。したがってあたり前のことですが営業の基本はたえず市場に目を向けることです。多くのお客さまに会って「お客さまの求めるものは何か」を伺い、お客さまの満足される価値を創造し、提供し続けることにあるのです。これは一度や二度の会話で、すぐにお役立ちの機会ができるものではありません。だからこそ、確かなチャンスを得るために毎日数多くの行動が必要なのです。

市場、つまりお客さまが「何を求めているのか」にかかわる「情報」「知恵」は、組織のなかや机上やあなたたちの頭のなかにあるのではありません。現場のニーズの「多様化」「変化」のスピードを的確に知ることができるのは、「現場」つまり多くのお客さまに会って、教えていただく以外に方法はないのです。日々のお客さまとの会話があってこそ知恵も生まれ、それがお役立ちにつながる企業提案になるのです。

今は、政治・経済はもとより、社会全体の価値観も変わろうとしている大変革期であると言えます。私たち流通業界においても、急速なスピードで環境が一変しようとしております。もはや従来のような意識では、生き残れないきわめて厳しい時代の到来です。このような時代こそ私たちは小売業の使命を再認識し、今までの行為をはるかに超えた挑戦意識と努力をもって、果敢な行動に移していかなければなりません。

再度申します。まさに大競争時代の到来です。このようなときこそ、もう一度原点に立ち返ることが何よりも大事です。お客さまの声に素直に耳を傾ける。そしてお客さまの意向に沿った仕事で、流通機構そのものを変革していかなければなりません。

4

誰かのお役に立つという理念がない経営は滅びる

世の中が変わってきたことは、私たちの日常生活でも組織のなかでも本当によくわかります。私たちが今まで良いと思ってやってきたことも、通用しないことが多くなりました。私たちの若い頃は「食うために働く」ことで精一杯でした。ところが今は、生きるために必要なものがありすぎるというほど豊かになりました。つまり、もともと人間が持っていた「いかに生きるべきか」でなく、仕事の仕方でも行動でも「自分らしさは何か」を正面きって問題にする時代になったわけです。

「何のために働くのか」も同じです。確かに生活のために給与は欲しい。しかしそれだけでなく、少なくとも自分にとって意味を感じられるもの、それを求めるようになってきたのです。

これからは、〝この人だからこそ〟の知識や特技が勝負になっていくのだと思います。

今まで１００年かけてやってきたことを10年でやろうとするのですから、そのスピードの差はものすごいものですし、時代が進むにつれ、更に拍車がかかっていくと思うと、そら恐ろしさを感じますが、もし時代の変化についていけなければ企業は倒産するし、個人だって企業における存在価値がなくなってしまいます。会社としても、社員としても、どう変わればよいのか、そのためにどうすればよいのか、ひとごとでなくなりました。

日本は世界一の過当競争国と言われています。激しい競争で売り上げは思うように伸びないのに人件費は上がり、エネルギーコストや材料費も上がる。したがって、今までと同じ売り方やつくり方をしていると、どんなに一所懸命に働いても、利益がやたらに減ってしまうというのが日本企業の実情です。

企業の最終目的は、企業活動を通して社会にお役立ちし、その見返りとして利益を上げることです。しかし、たとえ一所懸命に利益を上げたいと思っても、人びとの支持を得られなければその実現は不可能なのです。

正しい善の原理に基づいた活動でないと企業は存続できません。昔から「理念なき経営は滅びる」と言いますが、もちろん当社はその理念経営でここまで業績を伸ばしてきました。つまり、お客さまのお役に立つための努力が自分たちのためのものではなく、あくまでお客さまのためのものであるという考え方です。それは皆さんの立場でいうと、社員の皆さんが真面目にそれぞれの仕事に励み、全員が仲良く協力して地域社会の皆さまのために尽くす、ということに尽きるのです。

5

会社は利益を得るためだけに存在するわけではない

今は経済大国と言われるようになった日本の国も、苦しい歴史をたどってきたのです。私たちの若い時代は、第二次世界大戦という大事に直面し、愛する祖国を守るために多くの若者が亡くなりました。今の人たちは軍国主義だったからだ、などと申しますが、当時の人びとは日本を守るために生命を捧げて散っていったのです。

もちろん、その頃だってお互いの心のなかには、父母や弟妹を守るという気持ちも強くあったのです。

私は暮れから正月にかけて、持病の骨粗《こつそ》鬆症《しょうしょう》という病気が起こり、長い日時を床に臥せっておりました。が、いつのときでも皆さんが店でかいがいしく働いてくれている姿が目に浮かび、何よりの励みになりました。また、この日々は私の歴史を改めて思い起こす好機でもありました。私もこの道を志してから間もなく戦争という災禍をこうむり、裸一貫でスタートしたときには、生き抜くことが第一の目標でしたから、必ずしも正しかったとばかりは言えないと思います。何でもかんでもお客さまに買っていただいて、利益が出ると家中で喜びあいました。それも生きることが先だったからです。でも私はその頃から商店の存在こそ大きく評価されるべきだと思うようになりました。

戦争のなかで、商人の灯の消えた暗い社会をまざまざと記憶しているからこそ、特に強く感じるのかも知れません。

私がいつも思いますことは、商売に難しい理屈はいらないということです。もちろん、より多く売り利益を得ることも必要なのですが、それだけが人生の目標だとしたら人間として寂しいことだと思うのです。

確かに世の中の多くの人びとは、利益の追求に狂奔しています。しかしながら、そういう社会風潮のなかで私たちが、自らの仕事を通じて社会に奉仕するという信念を貫き、そこに人間としての生き甲斐を感じ、商人としての冥利《みようり》を味わうことができるとすれば、こんなに素晴らしいことはないと思います。これこそ商人としての大事な生き方ではないでしょうか。理想を追求するのに年齢など問題ではありませんが、私は店の小さいときのほうが大きな理想を掲げて堂々と進んだものだと今の自分を反省しています。

皆さんもおわかりのように、現今、流通という仕事が社会においていかに重要な仕事であるかをどこでもとりあげています。もちろん、流通を担当する者として適正な報酬はいただくべきだし、私たち小売業の利潤が他の業種に比較して多すぎるということなどあり得ません。

企業として理想の経営をめざして進むためには、資本力が伴わなければ目的を達成することはできません。確保した利潤の一部が経営の刷新のために使われてこそ、人びとはその店の顧客であることに更に喜びを感じることになるのだと思います。「あの店に行けば」というお客さまの期待と信頼、それは一朝一夕では絶対に生まれません。商売をする人びととの人間としての誠意の積み重ねが、その信頼感を築きあげていくのです。これこそ商店にとって何にもかえがたい財産なのです。私は生きている限りこの信頼は裏切るまいと心に誓っています。

いつの時代でも人びとにとって一番必要なのは、自分たちの生活を考えてくれる政治家であり、企業であり、機関の存在なのです。商店を選ぶにしても、「果たしてこの店が客である自分たちのことをどう考えていてくれるか」ということを真剣に考えているのです。「人の心を大切にする」。今こそ私たちはこのことを真剣に考え、ただ多く売り利益を得ようとするのではなく、本当にお客さまの心を捉える商いをすべきではないでしょうか。皆さんも正しい理念を掲げて立ち上がってください。

「店は商人の生活のためにだけあるのではないのです。店はお客さまの生活のためにあるのです」

これから、ますますお客さまによって店も厳しく選別されます。「あの店に行けば」というお客さまのご期待に応えられる店づくり、売り場づくりに全力をあげることこそ最も大事だと思います。

6

感動のある商売こそ商いの極意

小売業にとって最も大切なことは、売り上げは二の次にして、いかに感動のある商売ができるかということにあるのではないかと思うのです。確かに、現在の私たち小売店におけるお客さまとの交流に感動が生まれることは稀《まれ》かもしれません。私たちが店に出て商売をしていた時代は、売り手も買い手も、ともに手を握りあって感動したものですが、今は時代のせいで誰のせいでもないと思います。

しかし、そこに心を入れて仕事に精を出せば感動が生まれてくるはずです。今の若い人たちは感動などと言いますと大袈裟だと思うかも知れませんが決してそうではありません。「あの社員がとても親切にしてくれた」。「『これはおいしくてお安いのですよ』と丁寧に勧めてくれた」。売り手と買い手の心に流れる感動、それはどんなに小さいことでもお客さまにとっては心のなかに点じる灯かりなのです。

苦労して開店にこぎつけた朝、店の前にいっぱいのお客さまを迎えたときの感動、自店の前でおなじみのお客さまにお会いし「お宅に、日参なのよ」と私に心からの好意を見せてくださるときの感動。思えばこの感動の日々が私の生き甲斐だったのかもしれません。

今、皆さんは何の感動もなく、ただ惰性で日々の仕事をしているのではないでしょうか。その皆さんの売り手の気持ちが必ずそのままお客さまに伝わっていくのです。

先日、幹部社員の結婚式に出席いたしました。

知らない人びとですが、一堂に会すると何かとても親しい気持ちになるものです。ご指名によりお祝詞を述べさせていただきました。宴たけなわのなかで私はお手洗いに立ちました。そして廊下でたまたますれ違った若い方から、突然「先程の会長さんのお話に感動しました」と言われました。今の若い人でも感動するのです。

私もこの感動という言葉に嬉しくなりました。日々の暮らしのなかであたり前のように思えても、大切なことがたくさんあるのです。商売のなかでもどんなに小さいことでもよいから、感動という大事なことの積み重ねをしていくことが、どれほど大切なのかぜひ考えていただきたいのです。

こういう積み重ねからお客さまの心に「この社員から買いたい」「この店が好きだ」と

いう感動が植えつけられていくのだと思います。

「この社員から買いたい」「この店が好きだ」というお客さまを何人つくるかが商いの極意なのです。そのためにはお客さまとの対話を大切にすることです。

私は、当社のお店の販売の仕方を見ておりますが、あれではお客さまが喜んで買ってくれるはずがないと思っています。お客さまを大事にしてきちんと販売する気持ちなど、かけらもないのではないかと歯痒《はがゆ》く思います。

ヤオコーはお客さまのためにあるのです。ところが皆さんたちは、自分本位にものを考えて仕事をしているのだと思います。だから私はとても心配になるのです。

あくまでもお客さまのための仕事をしているのだ、ということを忘れないでいただきたいのです。

7

会社を支えてくれるお客さま一人ひとりを大切にしよう

私たちの仕事の原点はお客さまにあります。お客さまにご満足いただくことにあるのです。

私は新年の一番の仕事として、昨年末当社に励ましのお手紙をくださったお客さまのお宅に年頭のご挨拶に伺うことからはじめました。伺う途中、町の奥の方にたくさんの住居ができたことに驚き、こんな遠くからわざわざヤオコーの店に来てくださるお客さまに対して、改めて感謝の気持ちがあふれてきました。このお客さまは、私たちヤオコーのことをよく見ておられ「ご苦労も多いことでしょう」と商いの大変さをわかってくださいました。

その折、突然思いもよらないことをお聞きし、ほんとうに嬉しい思いで胸がいっぱいでした。

「昨年、私がお宅にお手紙をさしあげたら、早速、社長（現・川野幸夫会長）から御礼の返信をいただいて感激しました。社長さんからあんな丁寧なご挨拶をいただくなんて夢にも思いませんでした」と、とてもご満足のご様子でした。社長も社長としての役割をきちんと果たしていたのです。私はそのとき、当社の社長は素晴らしいなとつくづく思いました。

一人ひとりのお客さまを大切にする。

どうか皆さんこのことをしっかり心にきざんでください。各店に毎日たくさんのお客さまが来てくださいますが、その一人ひとりのお客さまのお陰でそれぞれの店が成りたっているのです。私たちをはじめ社員の皆さんの生活も守れるのです。心から感謝して、そのお客さまを大切にすることを忘れないでください。

8

世間は「会社全体」を見て評価する

先日、テレビで「日本の失われた10年」というテーマで議論をしておりました（2001年当時）。今まで日本は、理想をめざしての議論を闘わせながら、その実行、行動が伴わず、国・企業・個人ともに高度成長時代のやり方に、抜本的変革、改革のメスを入れずにきたことが、現在の嘆かわしい社会をつくってしまったのだということ。そして、結論は企業も個人も「社会に役立つ」活動を大前提として、最善を尽くすことが健全な社会を取り戻すことだということでした。私も納得して聞いていました。

この頃、「企業の寿命5年」という説をよく耳にします。人間に寿命があるように、企業にも寿命があります。私の覚えでは「企業の寿命30年」が定着していたはずなのですが、今その説が「企業の寿命5年」に変わってきています。考えてみるとまことに恐ろしい数字です。でも毎日、新聞やテレビで目にし、耳にしている大企業の衰退、リストラ、失業者の増加、加えて消費者の一段の買い控え行動を思うとき、実感として響いてくるものがあります。

そして考えさせられるのは「継続」するという難しさです。以前にアサヒビールの「スーパードライ」のCMに「ナンバーワンとして選ばれ続けるための品質への責任」をアピールしたものがありましたが、そのCMを通して、ナンバーワンになるエネルギー以上に、ナンバーワンであり続ける難しさをアサヒビール自体が痛感しているという話が伝わってきました。

今、どんなに知名度が高く、業績が良くても、その業績を支えてくださっている「お客さまの信頼」を裏切るようなことがあれば明日はない、という企業の基盤のもろさも、改めて思い知らされます。当社も含め、今が良いからと目の前のことだけに目を向け、お客さまに信頼されているからと思い上がってはいないでしょうか。当社にしても、お客さまの一人ひとりが直接社長に会っているわけでもありませんし、会社全体を見ているわけでもないのです。でも、お客さまの多くは、「ヤオコーは信頼できる」と思ってくださっているわけです。

では、何によってそれを判断するかというと、それは社員の皆さんとの触れ合いなのです。社員の皆さんが、お客さまへのお役立ちのために、誠意を持って尽くしてくれているからです。社長（現・川野幸夫会長）が皆さんに感謝する所以《ゆえん》はここにあるのです。今はトータルの時代ですから、一部だけ良くても認めてもらえません。

たとえば、「商品は良いのだけれど精算のときのレジの対応が悪い」とか、「どんな商品かと聞いても、わかるように説明してくれなかった」とか、「あの社員のほうが悪いのにあやまらなかった」とか、「すれちがっても挨拶もしない」とか、お客さまは店全体をトータルで評価しています。

ですから、職場で働く一人ひとりが「自分は何のためにここにいるのか」を認識していないと、お客さまの期待を裏切ることになるのです。お客さまは正直で素直ですから、良い、悪いをきちんと言ってくれます。皆さんも経験があるかと思いますが、お客さまから「ありがとう」と言われたとき、何と嬉しいことか、「お役に立った」という満足感がみなぎって仕事に張りが出てきます。皆さんの気がつかないところでも、お客さまはよく見ています。今日一日、仕事を通じてどんな親切をしようか。どんな小さなことでも、目的意識を持って行動すれば必ずお客さまにわかってもらえます。

結局、信頼は一日では勝ち取れません。毎日毎日の小さい積み重ねから生まれてくるものです。ますます厳しくなる経済環境のなかで、お客さまもあらゆる角度から勉強し、どんどんレベルを上げています。このようなお客さまに負けないよう、お互いに仕事を通して、「お客さまに提供できるものは何か」と、毎日地道に努力を重ねていくことこそ大切です。

日々厳しくなる経済環境のなかで、企業間の競争はさらに拍車がかかってきます。そして、この企業競争に勝ち抜くには、自分一人の作業によるお役立ちの提供ではなく、会社全体の組織力でお役に立つことです。今はもう「お店だけがお客さまにサービスする部門だ」などという発想を持っている本部社員はいないでしょうが、当社は小売業であり、サービス業であるという認識を全社員が持たないと勝ち抜き、生き残っていけません。

9 お客さまの心を捉えるのは値下げよりも誠実さ

この頃、新聞に入るチラシはすごい量で、2割引、3割引、更には5割引なんて、私たちが考えられないものもあります（1988年当時）。しかしこのような商法でも、お客さまの集まる店とそうでない店ができます。

ふだんから良い商品を揃えて、適切な価格で販売している店はバーゲンとなるとお客さまが尚更に集まりますが、品揃えも悪く価格においても適切でない店では、たとえ大きなバーゲンチラシを撒いてもお客さまは寄りつきません。お客さまの関心は値段より商品そのものに向けられているということ、そして店の誠実度をお客さまが厳しい目で評価していることを知らなければなりません。

私はいつも価格競争は自粛すべきだと思っております。限られた利潤を削ることは経営の安定化の点からも問題だと思うのです。それよりも、まず常に誠実な商売をして店の印象を強くアピールすることが大事だと思います。以前はバーゲンのチラシ広告でたくさんの人々が集まってくれましたが、最近はだんだんとその効果が薄れてきました。チラシ自体に魅力がなくなってきたのではないかと思います。

皆さんの多くもお客さまが減ったと悩んでいるのでしょうが、お店の周辺には大勢の人びとが生活しているのです。そういう方たちがせっかく店に来てくださっているのに、声をかける努力もしないで傍観していたのでは、お客さまは減ることはあっても増えることはありません。

昔はよく「売り出し3倍」と言いました。売り出しの日には平常の売り上げの3倍売りたいという願望なのか、それとも3倍売らなければ宣伝費などの経費が補えないということなのかわかりませんが、実は3倍にしたいのは売り上げではなくお客さまの数なのです。売り出し目当てに来店した常連のお客さまが、それぞれ平常の3倍の買い物をしてくだされば売り上げは3倍にはなりますが、それでは売り出しに成功したことにはなりません。売り出しが終わるとその反動で店がひまになってしまうからです。

その反対に普段の3倍のお客さまを集めることができれば、たとえ来店客のお買い上げ単価が低く、売り上げはその割に上がらなかったとしても、売り出しはその目的が達成されて成功したと言えるのです。

売り出しによって、お客さまが増えさえすればそのなかの何パーセントかのお客さまを固定客にすることが可能になります。それにはお店の品揃えや接客など、お客さまの心を捉えるものがなくてはなりません。それができないような店は何度売り出しを繰り返しても、タライのなかの水をかき回しているようなもので、いつまでたっても水の量は増えません。

「いらっしゃいませ」「まいど、ありがとうございます」「はりきってますね」。このような会話のなかに、売る人と買う人との交流が行われていくのです。店の社員一人ひとりに新しいお客さまをつくるのだという心構えがあってこそ、はじめて売り上げに貢献していくのです。せっかくご来店くださったお客さまをその場限りのお客さまとしてしまうことのないように、店長以下一人ひとりがしっかりと心を配ってほしいと思います。

景気の回復を示す事柄が目立ってきても、だからといって、私たちの店にもその恩恵があるかというと決してそうではありません。当社の全力をあげて、積極的に限られた商圏のお客さまを獲得することこそ大切なのです。

10

上司の顔色よりもお客さまの顔を見なさい

先日、小川SC（ショッピングセンター）店（埼玉県小川町）で社長（現・川野幸夫会長）、専務（現・川野清巳社長）の朝礼が行われたと聞きました。

社長の訓示は「店長の顔色よりお客さまの顔色を見なさい」ということと、「お客さまが減るということはお客さまからの信頼度が欠ける」という話だとのことです。また、専務の訓示は「いなげや」さんの出店（大里江南店、埼玉県熊谷市）に伴い「他店に負けないような店づくり売り場づくりに全力を投入しましょう」という話だということです。

要するに社長も専務もお客さまのための仕事をしましょうと訴えているのです。

私も店を見て実感しますことは、多くの皆さんの仕事は、まったくといってよいくらいお客さまのほうに向いていないのです。いつも申しますように皆さんは確かに一所懸命に仕事をしてはいるのです。しかし、その仕事ぶりは社長や店長のほうに向いているとしか考えられません。

先日もバックヤード（註／在庫保管場や加工場など売り場の裏方）を通ったらすごい散らかりようでした。こういうやり方で、果たして商品がきちんと店に陳列されるのでしょうか。今はどんな商品でも製造年月日や賞味期限が記載されていますが、私たちの仕事はその商品をできるだけ早く新鮮なうちにお客さまに買っていただくことなのです。バックヤードの商品をきちんと整理整頓することも、良い商品を販売するための基本なのです。

過日、当社の各店をいつも見てくださっているある先生から「会長は店を見ているのかな」というご指摘があったそうですが、私にはその意味が納得できます。私はどなたさまにも「お客さまのご信頼を積み上げていってこそ、良い店ができあがるのです」と申してきました。

その先生にも申し上げました。だから先生は「会長の言っていることと店でやっていることとは全然違うよ」と諭してくださっているのだと思います。本当に恥ずかしいことです。

今までは細かいことでも気がつくと注意できました。しかし、会社が大きくなりますととても難しくなってくるのです。細かいことはその担当の上司が注意をするシステムになっていますし、そうでないと現場がスムーズに動けません。

　ですからバックヤードの乱れも、担当の上司が注意することが正しいのです。だから私も混乱をさけるためつい遠慮がちになりますが、ある面から見ますとマイナスになるのかもしれません。

　先日もある社員が疲れたような格好で仕事をしていました。声をかけましたが気がつかないようでした。睡眠がとれなかったのかなと心配になりました。私だったからよいのですが、これがお客さまだったら「ヤオコーの社員はなんてだらしないのだろう」と店全体のイメージダウンにつながっていきますので、考えると冷や汗がでます。

　社員の躾《しつけ》も店の店長の責任下にありますし、その店の店長の姿勢そのものが店の成績として出てきます。こういうような社員の躾では会社が良くなる道理はありません。

　今年度（1988年6月期。当時は6月期決算）は残念なことに、店長以上の幹部の決算賞与は出せなくなりましたが、こういうことも社員一人ひとりの責任によることも確認できたと思います。皆さんのなかには、会社または上司に命令されるから働いているのだと思っている人もいると思いますが、とんでもない考え違いで、私たちの仕事はお客さまのための仕事です。

私が店に行くと皆さんは緊張した態度で接します。社長なら尚更だと思いますが、私が怖いのは、社長や私には気をつかってお客さまには気をつかわないという事実です。お店はお客さまのためにあるのであって、私たちのためにあるのでは断じてありません。

今、当社にとって一番大事なことは社員一人ひとりの躾教育と、モラルの向上だと思います。

お客さまにとって何をすることが良いのかを、一人ひとりが正しく考えられる会社になりましょう。

11

利益を増やしたければお客さまへのお役立ちを増やそう

私は自分自身の哲学とでも申しましょうか、「お客さまを大切に」という考え方に基づいて、お客さまの立場に立って当社の売り場や商品などを見てまいりましたが、私たちの仕事はまだまだお客さまのための仕事というのにはほど遠いと思っております。つまり中途半端なもの、未完成のものがたくさんあり、「お客さまにご満足いただく」という生涯をかけた私たちの目的から見ると、とても及ばないと思っています。

私のところに寄せてくださったお客さまの投書や電話には、温かい励ましの言葉もありますが、しかしそれはごくわずかで大半は不満や改善のご要望でした。商品、売り場、クリンリネス（註／清掃や陳列などによって清潔感を保つこと）、安全の問題など内容も多様ですが、一番多いのは社員の接客の問題でした。つまり社員の一人ひとりがお客さまの生の声を本気で聞かないということです。これは最も重大な問題です。

小売業でありサービス業である限り、地域のお客さまに対する生活提案の責任は売り場の社員が担っているのです。社員の一人ひとりがご来店くださるお客さまに心から接して、満足感をいかに高めていくかを真剣に考えていくことこそが重要なのです。

皆さんは気がつかないかもしれませんが、会社のなかにおける一番の「ムダ」「ロス」は、社員の方がたやアルバイトの方の働いた結果が、「お客さまに喜ばれることにつながっていない」ということにあるのです。特にスーパーマーケットの場合、扱っている商材の鮮度や味、品質、そして社員の応対といった場で、この一番の「ムダ」「ロス」にどう対応しているかでストアロイヤリティーが決まってしまうのです。もし当社の多くの社員が「お客さまに喜ばれる仕事をしていない」ということになりますと、せっかくご来店くださったお客さまの購買意欲をなくすばかりでなく、「この店には来たくない」という考えにさせてしまうわけですから、機会利益の増大どころか日々多額の「機会損失」を出しているということになるのです。

利潤追求は企業目的の大切な一つであり、企業活動の結果であるのです。しかし本当の儲け、つまり利益を生み出し、企業そのものが存在し続けるためには、お客さまからの絶対の支持がなければなりません。そしてお客さまからのご支持をいただくのには「お客さまに喜ばれること」「お客さまのためになること」を毎日実行することよりほかはありません。つまりお客さまに対する心からのお役立ちの心です。

昔の人たちは物事の本質をよく捉え、考えて文字を当てはめたものだと今さらながら感心させられます。利潤つまり「儲け」の文字を分解すると「信者」となり、「商い」は「あきない」と読みます。信者になっていただきたいのなら、本気になってお客さまの役に立つことを続けていかなければならないという教えです。会社の利益というのは貢献の尺度であり、お役立ち料なのです。

はっきり申しますと、「企業は利益がなければ社会の発展に役立てないし、お役立ちがなければ存在する資格がない」のです。

12

会社も自分も今日は昨日のままであってはならない

企業も個人も今後の生き方を考えているでしょうが、それぞれの生き方のなかで立てる計画はさまざまでも、誰にとっても大切なのは「今日は昨日のままであってはならない」ということ。「今年は去年のままであってはならない」ということです。

万物は日に日に新たになり、世の中は刻々と変化しています。こうした激しい世の動きに機敏に対応し、より良い道を拓いていくためには、やはり私たち自身が日々新たであるよう心がけなくてはなりません。これからもさまざまな出来事が入り混じる日々でしょうが、いつも明るく積極的に仕事をしていくことです。これまでのやり方にこだわることのないよう、今日の行動の上に明日の工夫をする新たな決意で毎日を踏み出しましょう。

ヤオコーも長い歴史のなかで、お互いに知恵を寄せ合い、ただひたすら良い仕事、より良い奉仕をめざして営々と努力を重ねてきました。お陰さまで今ヤオコーは、皆で力を合わせる集団として着実に発展を続けています。

しかし、あたりを見ますと、政治不安、経済の混迷、地球環境の破壊など、国の内外を問わず心配の種が尽きませんから、決して油断は許されません。私たちがこうした難関を乗り越え、このヤオコーがさらに確固たる成果を加えていくために大事なことは、いろいろあります。そして、その基本となることは、やはり社員一人ひとりの自らの人生に対する自覚ではないかと思います。

自分の人生の持つ意味は何か。共同生活のなかで自分が果たすべき役割は何か。その考えに基づくそれぞれの実践が、今、お互いに強く求められているのではないでしょうか。私たちの役割と生きる意味をしっかりと確かめ、志を高く持っていきましょう。

すべての仕事、ビジネスは私たちが提供する商品やサービスに対する評価として、お客さまから代金をいただくことによって成り立っています。もし、自分がお客さまの立場に立ったとき、支払ったお金に見合うだけの価値がないと思った商品やサービスに対して、今後も引き続き同じ店から買おうと思うでしょうか。余程のことがない限り「次は違うお店に切り替えよう」と思うでしょう。より高い満足を提供してくれるお店は他にたくさんあるのですから。

そして、もっと怖いことは、お客さまが不満を持ったとしても、不満を口に出し表明してくれるお客さまは、不満を持つお客さま全体のわずか4パーセントだと言われ、あとの96パーセントのお客さまは、何も言わないで黙って去っていくというデータです。満足したお客さまはたったの一人で、300人の新しいお客さまをつくるリーダーになりますし、不満を持ったお客さまは、ライバル店のお客さまと手を組んで最強の敵になるということです。ですから、ライバル店への対策以上にお客さまに満足していただくことが大切なんです。

私も店に出ているときは、一人でも多くのお客さまにご来店いただきたいと努力しました。あるとき、お客さまのご住所を分析したところ、多くのお客さまは途中にある何軒かの同業者を越えてわざわざ当店に来てくれていることがわかりました。

そのときのありがたかったことは今でも忘れません。そして、今までは何となく接していたお客さまに申しわけないと思ったものです。

そういうお客さまが店で一つの商品を買ってくださる、「これおいしいですか」と聞かれる。迷わず「おいしいですよ」とお答えする。でも、それが果たしておいしかったのかどうか気にかかっていて、次にお見えになったとき「おいしかったですか」とお聞きすると「おいしかったですよ」とお返事をもらってほっとひと安心する。それがきっかけとなり、お客さまとの触れ合いができていく。一事が万事、どんな些細なことでも誠心誠意、そんな真心から出る気配りは、必ず相手に伝わって喜んでいただけます。

その喜びの積み重ねで、ヤオコーはお客さまから信頼をいただくようになったと、私は今でも自負しています。

入院中にお聞きしたある業績好調のスーパー経営者からの話です。東京で知られている上野毛（東京都世田谷区）という高級住宅地に2年前オープンしたのだそうですが、開店はしたもののお客さまは来ず、店内は閑古鳥の鳴く始末で随分と苦しんだそうです。

その店を今の盛況に変えた秘訣が何かの本でヒントを得た「お客さまに負けるな」ということ。つまり、お客さまに負けぬよう頑張れという答えだったそうです。それからその店では、まず生物《なまもの》で傷みやすい商品を買ったお客さまのために、レジ付近に氷の入った冷凍庫を用意し「ご自由にお持ちください」と書いて置いたところ、お客さまはせっせと自分の必要分を持って行くので、あるとき、製氷が間に合わず氷を切らしてしまったら、早速お客さまから「氷がない」とクレームが出たそうです。その経営者は、クレームがつくのはうちに期待しているからだと気がついて、それから欠かさず氷を置いたそうです。

これらは単なる一例にすぎないようで「お客さまの声」という意見箱を置いたり、直接お話を聞いたりして、お客さまのご要望を吸いあげていく努力を続けたそうです。「お客さまに負けないように」というと格好良いですが、お客さまのレベルがどんどん上がり、それに応えていくには「自分たちのレベルも上げなくては」と、いつも緊張感を持った取り組みを続けたそうです。だからこそ、フレッシュな売り場が保てるのだと感激しました。確かに小規模のスーパーのようですから品揃えが十分とは言えないでしょう。しかし、必ずしも商品が豊富なことが良い店の条件とは言えません。むしろ、その土地のお客さまの好みを正確に捉えて、その好みに合った商品をいつでも準備している店こそ望ましい商店だと思います。

繁盛している店は、やはり「買い良い売り場づくり」ができています。そして、食生活の楽しさを演出している店は繁盛しています。

そんな店のなかは、いつでも「夢」があり「創意」に満ちているので、お客さまもその発見に興奮するのです。そして、本当に満足したお客さまはその喜びを必ず人に告げます。それは品質、価格、サービスに対するもの等ですが、そのような現象が生まれないのは、まだまだお客さまに対して尽くし足らぬ店であると反省すべきです。

13

成長を続けるために、今、将来への種をまこう

政局は相も変わらず不安定のまま推移しつつあります。政治を司る人たちのいろいろな悪事が暴露されることしきりですが、果たしてこの政治が私たちの日常生活にどう影響していくのかと思うと、一抹の不安を感じざるを得ません。

大正生まれの私は、どんな事件が起きたとしても、わが国の今日の繁栄は自由主義経済の下で築かれたものと信じています。しかし、いつの時代でも個人としても企業としても同じで、世代交代は大事なことですし、そのなかで自浄作用、新しい進歩的な考え方の人材の出現が絶対に必要だと思うのです。

過日、役員会の席で久しぶりに時間に余裕があり、皆言いたいことを言おうということになりました。私も意のままに勝手なことを申しましたが、中には遠慮した人もあったような気がします。皆それぞれが思うことを発言すればお互いに相手の考えもわかり、有意

義な会議になるのではないかと思いました。

人間は陰でものを言うのは簡単なのですが、なかなか上司の前では自分の意見を述べにくいという点があります。私は常に「陰口をきかない」「上司に気をつかわない」明るい会社にしたいと願っています。

よく、やるべきことをやらずに会社の方針を批判し、上司の悪口を言っている人がいます。確かに会社は多様な価値観を持った人たちが集まっているところだ、という認識ぐらいは誰でも持っています。そんな多様な価値観をまとめてどう業績につなげていくか。せっかく縁があって同じ会社で働くことになった人たちが、生き生きと、豊かに、明るく働けるようにするには何をしたらよいか、日夜考え続けていくことこそ必要だと思います。

当社も今のような経営状況にはじめからあったわけではありません。

創業時というのは、「資金はない」「売れ筋商品はない」「お客さまはなかなか信用してくれない」「人材は乏しい」というないない尽くしのなかから、悪戦苦闘してここまでやってきたのです。現社長（現・川野幸夫会長）も、どうすれば人材が集まり育つかという点に全力を注いでいます。このことも私たちの代から長い年月手を打ち続けてきたのです。

しかし、ある程度の信用がつき、資金にもゆとりができ、人材もぼつぼつ揃ってくると、多くの人たちは創業時の苦しみを忘れ、燃える雰囲気も失ってしまいます。私は困ったものだと悩みます。

「今日の売り上げ、今期の売り上げは、利益は、俺たち、私たちがつくっているのだ」と思っている人もいるだろうと思います。また思ってもらわなければ困るのです。

しかし、今の業績を創り出しているのは、今、現在の皆さんの努力がすべてなのだろうかを考えてほしいのです。

会社、会社の政策、商品の魅力がお客さまに浸透し、確かな支持をいただけるようになってきたのです。販売網、販売拠点が確立して、しっかりした財務体質になってきたからです。

これらの信用は昨日や今日の努力で産み出されたものではありません。これらを創り出し定着させるために、何十、何百、という戦略を考え育てあげる努力をどれくらいやってきたのか、それは皆さんの想像以上なのです。

そうした努力のなかで実った大きな柱が、今の業績を支えているのです。皆さんも、もう一歩踏み込んで考えてみてください。今の業績を可能にしているこれらの戦略や組織、そして私たち社員は永遠不滅のものなのでしょうか。ここまで培ってきた信用も、決してなくならないものなのでしょうか。現在までうまくいったからといって、今後も順調に経営が推移するという保証にはならないのです。売れ筋は常に変化し、人も老います。

今、将来への種をまき育てていかなければ明日はありません。今日、今の業績を追い、勝ちをめざしながら将来への準備を怠らず進めていかなければならないのです。

これは会社や組織のことだけではありません。一人ひとりの人が、生きるうえでも同じことです。環境を呪い、不遇・不調の原因を他に求めて、すべての原因を他人のせいにする。自らを省みず、多くのものから与えられていることへの感謝の心を忘れている人たちのことを弱者としたら、この弱者を救済する理論が会社のなかにみなぎったら、それは働く人たちと会社の成長と幸せを自らの手で絶つことになるのだと思います。

そんなことはどんな時代になってもあってはならないことなのです。お互いにやることをやって、皆さんの働きが生かせる会社にしていきましょう。

14

お客さまに「勉強している」と言っていただこう

最近、当社の競合店に、利益は無視してよい、売れればよいという考えの企業が出てきましたが、その裏側に「ウソ」が見え隠れしています。利益がなければ会社は倒産してしまいます。いくら崇高な理想を掲げた会社でも、倒産してしまえばその理想を実現できないのです。

皆さんもご承知のように、会社は役所や学校と違い、税金や授業料で動いているところではありません。言うまでもなく、商品を売って利益を生み出さないと社員の皆さんにお支払いする給料も出せません。皆さんが働いてくれて得たお金から支出しているのです。

会社は利益を得ないとやっていけないのです。この「利益」を無視する会社は、当然商人としても失格です。企業が「利益をあげるのは良くない」と考えている人もあるようですが、とんでもないことです。会社が得た利益の50パーセント以上は、国家なり地方自治体に納税しています。その税金で、国や地方自治体が運営されているのです。

お陰さまで、当社はお客さまから「ヤオコーは勉強している」という印象をいただいていますが、ここが大切なのです。勉強しているということは、他店より「優れた商品」を揃えたり、他店より「値打ちのある商品」を安い価格で販売したりすること等を指しているのです。

今、どこでもお客さまの数の減少が深刻な問題になっていますが、商いの世界に現状維持ということはあり得ないのです。たとえば、倒産してしまった大小の会社の社員が仕事をしなかったのかというと、そんなことはないのです。私の知っている範囲でも、どこの社員も一所懸命に仕事をしていました。では、なぜなのでしょうか？　それぞれにいろいろな事情があるのでしょうが、要するに利益が出せない状態を続けたからだと思うのです。何と言っても利益を上げないことには企業の存続はないのです。

毎日の仕事のなかで、何をどうしたらもっと会社の利益を出すことができるかを考えてください。結論として出るものは「仕事を通じてお客さまのお役に立つ」これに尽きるのです。

会社にとってお客さまは何より大切な存在です。どんな素晴らしい商品、サービスもそれを買ってくださる「お客さま」がいなければ企業は成り立ちません。「利益の源」は「お客さま」なのです。そして、そのお客さまには商品を選択する権利があり、われわれの商品やサービスを、常にライバル企業と比較検討しているのです。つまりライバルが選ばれるとわれわれの店にはお金が入ってこないわけです。そうなると、どんなに努力してもその努力に見合ったお金もいただけません。同じことを何度も言うようですが「お金の出所はお客さま」で、その店の選択権もお客さまにあるのです。このような事実を考えるとき、「お客さまに選ばれる」ことがいかに大切かがよくわかってきます。

つまり、今の皆さんの仕事ぶりが、直接にも間接にもお客さまが店を選ぶ材料になっているのです。「何をどうしたら選んでもらえるのか」「どうしたらお客さまのお役に立てるのか」、今よりもっともっとお客さまのお役に立つことを考えていかないと、他店との競争に勝ち抜くことはできないと思います。

数日前に知り合いのお客さまから電話がありました。「お宅の商品は品質も良いし、売り場も良いので母も満足していたのですが、レジ社員の態度が悪かったので母が気分を悪くして、しばらくヤオコーに行きたくない」と言っている、ということでした。「会長さんから母に言ってやってください」と言われましたので早速電話し、誠心誠意謝りましたら、気持ちを直してくださって、また来てくれることになりました。

このように、たった一人の社員のちょっとした不注意のために、お客さまの反感を買い、会社全体の努力が無になってしまうのです。そして、その方のおっしゃるように「ヤオコーは評判の良い優良な企業だけに」と言われると、何かぐさりと胸を刺された思いで誇りが消えてしまう気持ちでした。小売業の原点を、全社員にきちんと徹底させることがいかに難しいかです。

気持ちの良い接客、明るい店内こそ、まず大切です。企業の規模や店の大小は関係ありません。店こそ私たちの意志の実現の場であり、最もお客さまに近い所にいます。しかも、販売は一度で終わるものではありません。満足してくださったお客さまは、その後も繰り返し店に来てくださいます。そして、社員の応対がクチコミでお客さまに伝わっていくのです。

第2章◉お客さまに好かれ信頼されるための言葉

15

お客さまは毎日新しいことを求めて来店する

常に不変のテーマとして挙げておかなければならないことは、「お客さまのニーズにいかに迅速かつ適切に応じられるか」ということです。これこそまさに企業存続の命題だからです。

お客さまの求めているものは、私たちサービス業における日々の活動の革新なのです。自分（お客さま）の行く店が去年よりも今年、先月よりも今月、そして昨日よりも今日、自分たちの欲しい商品なり、期待するサービスがあると感じられる状態にあるかということです。したがって、ヤオコーが成長発展していくためには、絶えずわが企業わが店における日々の活動の中身、つまり「商品とサービスを変えていく」という立場からの工夫と努力が必要なのです。

このような大事な課題を、組織的な活動として全社的に浸透させて実をあげていくには、まず、「お客さまの求めに応じる」精神が全社員に徹底されることが一番大切ではないでしょうか。売り上げが伸びない、客数なり客単価が増えないという原因を、店と多部門の全員とが一緒になって「どうしてなのか」「どうしたらよいのか」を、店の現実を直視して真剣に考えているかどうか、ここが問題だと思うのです。

私がいつも思いますことは、全社員が店の実態をどれだけわかっているだろうか、ということです。

先日、サービスセンター(注)に電話しました。男性社員が応対に出ました。「はい」と言いますので、私のほうから「ヤオコーですね」と言いました。私の感じでは、たまたま電話口に出てしまったという様子でした。私は電話を切ってから不安になりました。いつも電話応対はこんな感じなのだろうか。そして次の日に早速その上司に注意しました。

当社に電話をくださる方がたは、当社に対して何かを求めているのです。言い換えればニーズがあるからなのです。お客さまをはじめ、いろいろな方がたが電話をかけてくださるということは「聞いてみよう」「確かめてみよう」「お願いしよう」「情報をお知らせしよう」等の意図があるはずなのです。このような求めに対して、全社員がいかに適切に応対するかがきわめて重要なのです。「電話応対は女性社員に任せておけばよい」という考え方では大変なことになってしまいます。

たとえば、女性社員を経ても、最終的な責任はその部署の担当上司であり、企業においては社長の責任になるのです。「無礼」「無愛想」「弁解」「たらい回し」「待たせる」等、相手に不快感を与えるようなことがあれば「何だあの会社は」ということになるのです。

私は今まで大企業をはじめいろいろな企業の方がたにお会いしてきましたが、明るい挨拶をされる方、ろくに挨拶もできない方、いろいろですが、こういうなかできちんとした挨拶ができる人たちが多くおられる企業が発展している事実は、やはり基本ができているからこそ、大切なことがどんどん実践できる企業になるのだと思います。

皆さん一人ひとりの身近なところに大切なことがあるのです。そして、そのことがきちんと始末できることから精神が磨かれていくのです。

現在サービスセンターの電話応対は「ありがとうございます。ヤオコーです」という言葉からはじまります。これならお相手が「感じの良い会社だ」ときっと満足してくださると思っています。

（注）当時、人事部、総務部、経理部などの本部管理部門全体を、店をサポートする組織という意味で「サービスセンター」と呼称していました。

16 損を惜しんだら商人として成功できない

店内に積まれている商品は店にとって貴重な血液であり、その回転によって店としての生命が支えられているわけです。当社でも、今はほとんどの店にＰＯＳ（販売時点情報管理）が導入できたので、一つひとつの商品がどのようなスピードで回転しているかよくわかると思いますが、売れ足の遅い商品を減らして、売れ足の速い商品を置けば、同じ労力で更なる売り上げになることも確実です。

私は毎日全店の売り上げを見ます。長年の勘でしょうが、積極的な姿勢が感じられる店と、惰性で働いている店とがわかるような気がします。「店が開いていれば客が来る。売れるだけ売っていればいい」という店長の考えが店の空気になってしまい、ヤオコーとしての魅力を欠いている感じの店があるように見受けられるのです。しかし、当社のように日常使用する品物を扱う小売業はわりと不況の風から遠いので、気もゆるみがちになりついつい積極性に欠けてしまうのですが、こういう店でお客さまが果たして満足できるでしょうか。

お客さまが私たちの店に何を期待しているのか。その期待に応えるために考えなければならない問題がたくさんあります。考えてそのことを積極的に実行していかなければお客さまにご満足していただけません。

お客さまが自由に店を選ぶ時代になっていることは皆さんもよく承知しているでしょうが、お客さまはいったい何を基準にして店を選ぶのでしょうか。

「良い品を安く売る店」。これが商店を選ぶための第一条件なのですが、現在のお客さまはこれだけを決め手としないのです。良い品といっても食品の場合は味と鮮度、他の商品の場合は便利さ・丈夫さ・美しさなどいろいろな条件が重なります。特に商品を選ぶ場合、安さもさることながら、美しさとか、清潔さとか、目新しさとか、いろいろな要素があるのですが、お客さまが最も要望しているのは、売る人の人柄や信頼感なのです。

最近のお客さまはショッピングが趣味だと言っておられます。このようなお客さまの期待に応えてこそ繁盛店としての明日があるわけです。趣味はショッピングというお客さまはいったい店に何を求めているのでしょうか。そのお客さまの期待に店はしっかりと応えていく使命があるのですが、今、何より問題なのはそれぞれの店が店としての魅力に欠けていることです。新しい品揃えも大切、適切な価格で販売することも大切。しかしそれ以上に失われつつある魅力の回復を本気で考える必要に迫られているのです。

お客さまから「レジに客が並びすぎる」とか「社員が無愛想だ」とか「店が静かで入りづらい」とか言われますが、これは裏返すと「ヤオコーは儲けることだけ考えていて大切なことを忘れている」と言っているのです。「挨拶も笑顔もできない、頭も下げられない」、つまり大切な心がないということなのです。

昔から商人というものは「損して得とれ」と言われています。つまり「損を惜しんでは商人として成功しない」ということなのです。今日の言葉で言えば「サービスからかかれ」、サービスをしてこそはじめて成果があがるのだということです。そのサービスをきちんとすることによってお客さまに満足していただき、そしてご支持いただき、そしてその結果が自然と業績に結びついていくということです。

ですから、一人ひとりの社員がサービス精神を欠いてはいけないということです。「笑顔」「会釈」「挨拶」、このようなサービスをするということは、商人としてのあたり前の常識なのですが、お客さまはとても喜んでくれて「良い社員だ」とか「良い店だ」とか言って誉めてくださるのです。

　商品部で魅力ある商品づくりをし、店で売る人の魅力を出せば、それがヤオコーという店としての魅力になってお客さまに来店いただけるのです。

　厳しさが増せば増すほど、選んでくださるお客さまと選ばれたヤオコーとの「めぐりあい」を、もっともっと大切に考えていきたいものです。

17

お客さまの「まあまあ」は「まだまだ」の意味

私が大切にしてきたのは「わが想い」です。私がここまで実現してきたもの、その元はすべて「想い」からです。想わないものは実現しません。想うから実現するのです。「このような会社にしたい」という想い、「このような事業をしたい」という想い、「このような人間になりたい」という想い、このような想いの積み重ねが今の「ヤオコー」という企業をつくってきたと思っています。

人と人の信頼関係が軽んじられ、義理も人情も通用しない社会になったら、この世の中はどうなってしまうのでしょうか。だからこそ正しく生きる私たちは、お互いの想いを強く持ってそれを実現していかなければならないということです。

私は若い頃から何事にも一所懸命に取り組んできました。〝よーし〟と思う人には喰らいついていく、ここぞと思うチャンスはしっかりと捉え、そして競争相手には絶対に負けぬという気性が身についてしまいました。人間はそれくらいの強さが必要だと思っています。

ただ年をとったせいか大分考え方が変わってきました。今まではガムシャラに闘って「よく頑張った」と満足していましたが、今は社長（現・川野幸夫会長）や皆さんが考えているように、作戦を立ててこれを駆使しなければ競争には勝てません。単に与えられた仕事をこなすだけではダメだということが、よくわかってきました。皆さんはどうですか。お客さまにご満足いただけるような仕事をしていらっしゃいますか。

先日、小川町（埼玉県）の歯医者さんで親しくなったお客さまの話です。当社の店の近くにお住まいのようで「ヤオコーさんがあって助かる」という丁寧なご挨拶でした。なにか素直にお話しできそうな奥さまでしたので、私はいつも気になっている店の様子をまずお聞きしようと思いました。

最初に「お魚やお野菜の鮮度はどうでしょうか」と聞きますと、「鮮度はいいですね」とおっしゃいました。

続いて「社員の態度はいかがでしょう」と聞きましたら、「まあまあですね」と重い口調で言いました。

そしてふっと思い出したように「いつも同じ子供さんがお菓子を持っていくのを社員は知っているようですが、悪いことなのになぜ注意しないのでしょうね」とおっしゃいました。

これは社員の教育に対する批評です。私は赤面しながら「ご親切に教えていただきありがとうございます」と頭を下げました。

それから私は思い切って一番気になっている商品の価格のことを聞いてみました。その方は「あまりお安くないですね」と言い、「お気にさわることばかり言って気になさったでしょう」と申しわけなさそうに私を見ました。

私は反対にいいご意見を聞いて嬉しかったと幾度もお礼を言いました。「またお会いしましょう」と言いながら別れ、会社に帰って早速お客さまのご意見を分析してみました。「まあまあ」とおっしゃる言葉には「まだまだ」という感情がこもっていました。果たしてこのお客さまは本当にヤオコーがあって助かっているのでしょうか。一人のお客さまが楽しくお買い物ができないとなると、当然多くのお客さまも楽しくお買い物ができないのではないでしょうか。この状態では絶対に競争には勝てないと思いました。

今までのような甘い考え方ではダメだ、ということを覚悟してください。

18

お客さまに「私の店だ」と思ってもらう

お陰さまで、当社は各店とも店を開ければありがたいことにお客さまが来てくれますから、社員の皆さんは、まずまずだと思ってしまうのではないでしょうか。しかし、そんな安易な考え方で、果たしてこれから先の厳しい時代に生き残っていけるのでしょうか。

私は今、臨店はいたしませんが、各店の売上報告書を見、大体の店長の考え方をつかみます。必ずと言ってよいくらい店長の考え方が業績面に表れています。

先日ある店に電話しましたら、次長らしき社員が蚊の鳴くような声での応答でした。ふと店長の顔と店の空気が頭をよぎりました。会社の者だったからよいけれど、もしお客さまだったらこのような応答に満足するでしょうか。

つまり、その社員は積極性に欠けているのです。

商人はまず積極的でなくてはなりません。正直なところ、当社の店でも積極性の感じられる店が7割、あとの3割は残念ながら積極性に欠けていると思っています。お客さまにご満足いただくためには、なんといっても積極性が必要なのです。店に一人でも多くのお客さまに来ていただくためには、お客さまのために積極的行動に打って出ることです。

みどりが丘店の近くに他社の大型店が出店しました。当然、当社も勝ち抜く覚悟で店の一部を改装しました。もちろん、小川SC店もみどりが丘店も地元のお客さまによって支えられています。私たちは、その方がたは自分の店の固定客であって、ありがたいものだと思っています。

が、よく考えてみるとこの方がたが100パーセント自店に来てくれているのでしょうか。

みどりが丘店を改装した直後に、来店したお客さまは口を揃えたように、「キレイになりましたね」「買いやすくなりましたね」と喜んでくれました。これがお客さまの心情だと思います。より良い環境のなかで、楽しく買い物をしたいと、誰もが思っているのです。

では、当店に来てくれているお客さまは、新しく開店した大型店には行かないのかというと、そんなことはないのです。開店した店は衣料品・日用品雑貨・生鮮食品などの安売りが人気を呼んで、特売品がたくさんある当初は、周辺のお客さまが殺到していました。

もちろんわが店のお客さまも混じっていました。新鮮な食品などが安く買えることは、お客さまの日常生活にとって大きなプラスになるのですから、当然のことです。大切な顧客として毎日挨拶をかわしていたお客さまが、その店に行くようになる。もし、そうなったらみどりが丘店、小川ＳＣの社員はどう思うでしょうか。きっと悔しい、残念だ、と思うでしょうが、実はその原因は自店にあるのです。

自店に店としての魅力が不足しているからなのです。たとえば、「店のなかの明るい雰囲気」「商品の新鮮さ」そして一番大切な「売る人の魅力」なのです。他店のことをとやかく批判するより自店の魅力、つまり「自店の中身はどうなのか」が問題なのです。

これからは、どの地域でも本当の競争がはじまります。「一人のお客さまを失うことは簡単ですが、一人のお客さまを得る」ということは、本当に大変なことです。

幾度も言うように、これからの時代は消費者がお店を選別する時代であり、選ばれた店が繁盛路線を進んでいくといった、厳しい時代になります。同業同士の過当競争を避けることも、とても大切なことなのですが、共存共栄のお相手は、自分の店の大切なお客さまなのです。小売店としての当店も、お客さまとのつながりがない限り繁盛は望めません。

近くに競合店が出た。お客さまの流れが変わった。でもあのお客さまは当店に来てくれる。そのときになって、はじめて顧客のありがたさが身にしみてわかるのでは遅いのです。

皆さんにわかってもらいたいことは、「当店はお客さまにとって必要なのだ」ということを、今こそ本気で考えてもらいたいのです。もし皆さんが本気で「当店はお客さまのためにある」と考えるのなら、その店の一人ひとりが考え方を、行動を、お客さま中心に改めてください。それがお客さまと共存できる最大の条件です。

お客さまはどこで何を買おうとも自由です。そのお客さまに「この店は私の店だ」と思い込んでもらうのが、皆さんの仕事であり、その数を増やしてこそ店の業績も安定するのです。

19

心配りを「仕事」にすることが大事

お客さまのための仕事をする私たちにとって、欠かせないものの一つに「心配り」があります。

もう4カ月も前のことですが、前夜から降り続いた雪がその日も丸一日降って止む気配もありませんでした。眠れない夜が明けて外を見ますと、思ったとおりの銀世界で20センチは十分にある積雪でした。

私は今日のお客さまへの「心配り」の第一は、店周りの雪かきをすることだと思いました。急いで身じたくをして出社しますと、生鮮センターではセンター長を先頭にして雪かきがはじまっていましたのでほっとしました。

けれども、いちばん気になるのが、お客さまが直接ご来店くださる各店のことです。まず、近くの店からと思い出かけました。ヤオコーのある店の近くに行ったときに、いつもご来店くださるお客さまにお会いしました。するとそのお客さまが「今朝は社長さん（現・川野幸夫会長）が駐車場の雪かきをしていましたよ」と言ってくださいました。私は何とも言えない嬉しさがこみあげてきました。社長がいつもお客さまへの「心配り」を忘れていないということです。このお客さまへの「感謝」「愛情」の心を忘れてしまったのでは、ヤオコーは大きくなれません。

この雪の日の場合も、ヤオコーの、どこかの店の駐車場か入口近くで、お客さまが転んで怪我をしたとしたら、お客さまはどう思うでしょうか。「あの店は駐車場どころか店の入口まで雪が積もっていても平気でいる。私たち客のことなど少しも考えていない。もうあの店には買い物に行きたくない」と思うのが当然ではないでしょうか。

以前、商業経済新聞社の松橋寛《ゆたか》先生（故人）の記事に「雪かきに見る店舗間格差」という見出しで、その日の雪かき状況について、多店舗展開している企業を主とする14社がとりあげられており、そのなかにヤオコーもありましたが、「まあまあ」だとのご批評でした。

そして、いなげやさんだけが荷受口まで除雪できており、しかも鮮魚売り場には、「雪の日にお出かけの方に刺身5点盛り合わせ1380円を980円に」という雪の日にご来店くださるお客さまへの心配りがきちんとできていたということでした。

記事の最後に「このような大事なことを『たかが作業にすぎないのだ』という考え方と『お客さまのための仕事』と考える社員との人数の差が、企業間格差につながっていくように思える」という意味の戒めがありました。

私も、この記事を読みながらヤオコーの現況を考えて身の引き締まる思いでした。私はいつも社長と「お客さまに喜ばれる店にしたい。ヤオコーがあって助かる」とお客さまに言われる店にしたい、そうした話をしています。ところがヤオコーの現実は、どんどんと私たちの考えと反対方向の「心のない企業」になっていくような気がするのです。

今朝からまた、女性社員のユニフォームが新調されました。新調した会社の主旨は、「あのユニフォームは清潔で明るい感じがする」、とお客さまにヤオコーのイメージを良い方向に焼きつけていただきたいからなのです。もちろん、社員の皆さんが快適で働きやすいようにということもありますが、あくまでもお客さまを中心にして考えたことです。

皆さんも仕事をしながら「今日はお客さまがたくさん来てくれて嬉しい」とか「今日はお客さまが少ないけどどうしてなのだろう」とか考えると思うのですが、やはりお客さまが多く集まるお店は、トータルな快適さがあるのです。

単に商品が良いだけでなく、「社員の接客対応の良さ」「設備の良さ」「店内外の清掃の良さ」、すべてを含めた快適さです。雪かきの問題も当然このなかに入るのです。では、そのトータルな快適さはどこから生まれるのかと言いますと、それは皆さん一人ひとりの「心配り」から生まれるのです。「清潔なユニフォーム」「トイレの清掃」「明るい挨拶」、どれ一つとってもイロハのイですが、こうした心配りをきちんと実行することが大切なのです。

20

「あなたがいるから」と思われるような仕事をしよう

よくよその方から「経営努力を尽くしても、とても景気の流れには打ち勝てない」と聞きますが、私自身、小売業は景気、不景気に左右されるものではないと確信しています。もちろん小売業界全般という大きな枠で考えると、景気と無関係であるとは言えませんが、しかし、単位をイチ小売企業（店）と小さく区切って考えると、経済界の影響などほとんど感じられなくなってしまいます。

私は、この業界で小さな店から経営努力を重ねつつ大きく発展した会社をいくつも見てきました。実は私自身（当社）もその一人です。過去には「ナベ底景気」と言われた長い不況の時代もありました。が、それでも伸びる店は努力を重ねながら、どんどん伸び続けてきました。

当社も不況の嵐のなかで厳しい経営を続けている時代に「小さな店のおたくに何ができ

る」とばかにされて、ずいぶん苦しんだこともありましたが、そんなときに環境に押しつぶされたら負けでした。大企業であろうと小企業であろうと、人間ひとりの受け持つ仕事の量に大差があるはずはないのです。要は経営者と社員が一丸となってことにあたり、厳しい環境を乗り切る意欲があるかどうかの問題だということです。

ある雑誌に「最近百貨店の権威が落ちた」という記事がありました。もちろんそれに伴い業績も下がったということです。これはどういうことかというと、百貨店は不動のお客さまが多く、そのお客さまの心境は百貨店の経営者という「人」ではなく、百貨店の持つ「権威」に引かれていたわけです。

ところが現代は、お客さま自体が「権威」ではなく、その店で働く「人」に関心を持って店を選ぶようになったわけです。これは、私たち小売店にとっては「好機到来」ということです。私たち小売店の原点は、社員一人ひとりがお客さまを心からお迎えし、ご満足いただけることにあるのです。

これから販売競争がますます激化することは目に見えています。私たちはその激しくなる販売競争のなかを勝ち抜き、かつ生き抜いていかなければなりません。そのためには、競争相手よりもより高い存在価値を発揮しなければならないのですが、競争相手といっても同一商圏内の同業者が相手だったのは昔のことで、今は他の商圏の異業種や異業態まで が競争相手ですから、それだけにお客さまから存在価値を認めてもらうのは、とてもとて も並大抵のことではありません。

「存在価値」とは、お客さまの側から評価されることであって、いくら自分の立場で存在 価値があると思っても、お客さまがそれを認めてくださらなければ、それはこちらだけの ひとり相撲に終わってしまうのです。

お客さまに店の存在価値を認めてもらい、そのお客さまに固定客になっていただくため には、いくつかの条件をクリアすることが必要になります。たとえば、安心感・満足感・ 便宜性とか他にもいろいろあります。これらをすべてクリアすることは無理なことですが、 店としてはこのお客さまの評価レベルを少しでも高めるよう工夫し、努力してその結果、 総合して「お店に対して好感を抱いてもらう」、そのことが第一条件なのです。

あるマーケット情報社で「われわれは消費者としてどのような店で商品を買っているだ ろうか」というアンケートを取ったところ、「あの店にはあの社員がいるから」という答 えが圧倒的だったそうです。

つまりそれは、お客さまと社員との間に血の通う人間的な関係ができているからなのです。お客さまから「あの社員」と意識されることは、今日何よりも貴重なことだということが、この調査結果を見ればあきらかです。

お客さまにとって貴重な存在は、会社にとっても、最も大切な人材です。ある幹部社員が「管理職になるよりも、営業マンの方がお客さまに喜ばれ張り合いがあって楽しい」と言っていましたが、この社員のような意識が社内に徹底されてこそ、はじめて名実ともに立派な企業になっていくのだと思います。

21

腹が立ったら逆に心の中で「ありがとう」

過日、日本ハムさんから『ロータリー』（日本ハムグループの広報誌）という本が送られてきました。そのなかに、伊吹さんという方が書かれた「腹が立ったらありがとう」という面白いお話が載っていました。私の考え方とまったく同じですので引用させていただきました。

この頃、理屈を言う人が増えています。何しろ世の中、情報洪水です。誰でもたくさん知っています。そして、知っているとわかっているように思いやすいのです。

しかし、商売に理屈は禁物です。理屈を言うと嫌われるからです。人間は理屈では動きません。感情で動いています。だから嫌われてはいけないのです。「商売には笑顔が一番です」。

伊吹さんが富山のあるスーパーで講演をしたおり「皆さん美人ですね」と言ったら、

どっと笑い声が起こったそうです。「笑うと美人、怒ると不美人」とはそのことだそうです。商売は「笑顔」が基本です。そのうえで「いらっしゃいませ」「ありがとうございました」。これがサービスの三原則です。

でも腹が立つことがあります。しかし、そのときにはぐっと辛抱するのです。それでも腹が立ったら、心のなかで「ありがとう」と叫んでみるのです。

とても辛いことですが、怒ったら負けなのです。目先の勝負だけで勝っても何の役にも立たないのです。怒ったお客さまが外で悪口を言いふらすからです。

以前も皆さんに、一人のお客さまを怒らせると10人のお客さまが逃げる、と話したことを覚えていると思いますが、伊吹さんもそう言っているのです。それは本当だからです。

ある調査によると、不満を持っていても売り主（社員）に苦情を言わない人が96パーセントもいるのです。そして、それらの人が平均1人当たり10人の知人に悪口を言いふらすのです。この数字を掛け合わせるとすごい数字になります。それほどの悪口が巷《ちまた》に流れているということです。

そして不幸なことに、知らないのは本人だけなのです。私たちは誰からも好かれたいし、繁盛したいと思っています。にもかかわらず嫌われたりお客さまが来てくれないと嘆いたりしています。しかし、その原因は気づかないうちに、世間に嫌われてしまっていることにあるのです。そのことに気づくことが大切なので、だから辛抱するのです。

「腹が立ったらありがとう」。なかなかできないと思うでしょうが、気持ちが大切なのです。

先日もお客さまから苦情がありました。聞いてみると、当社の社員は少しも悪くないのです。だから当然自分を正当化したわけです。しかし、お客さまには何か嫌なことがあったのです。こちらに悪意がなかったとしても、お客さまに不満を与えたのは間違いないのです。

そういうときには、まずお客さまの言い分をよく聞くことです。お客さまの気がすむまで言ってもらうことです。こちらを正当化すると、お客さまを怒らせてしまいます。それだけで多くのお客さまを失ってしまいます。そのことをしっかりと考えてください。

もちろん、誰だって腹も立ってきます。しかし、そういうときこそ、静かに深く息を吸って伊吹さんの教えのように、腹が立ったら「ありがとう」と心のなかでつぶやきましょう。成功した方がたは、皆この心構えで商売をし、それがお客さまとの信用につながったのだというお話もよく聞きます。

最近、スーパーも価格競争が激しくなり、そのため売り場は美しい形などと言っておられず実際にやっていることは、お客さま中心よりも、自社中心という小売業にはずれた店が多くなっています。

皆、理屈が先だと思うのでしょうが、それよりもお客さまがどう感じているかのほうが大事ではないでしょうか。売り場が何を表しているかも大切ですが、それよりも売り場を歩いていると、何かしら楽しくて浮き浮きしてくる、そんな楽しい売り場をお客さまは求めているのではないでしょうか。これから個人化や多様化が進むと、ユニークさや美的センスの洗練度を競う時代になります。

勝負を決めるのは、お客さまが感動する売り場づくりができるかどうかにかかってきますが、お客さまに感動してもらうには、売る皆さんが感動を味わいながら、感受性と表現力を磨いていくことです。それはまずサービス、つまり笑顔であり、親切であり、感じ良い心配りなのです。

商売というのは、そんな簡単なものではありません。お客さまの求める品揃えが大切ですが「良い売り手がいないということは、良い商品がないよりも悪い」と言われています。同じ商品を同じ価格で買うとしたら、どうしても好感の持てる販売員の所にお客さまは集まります。商品を買うだけでなく、応対してもらって気持ちが良いということが、お客さまの心を大きく支配して購入の決め手になるのです。それだけ売る人たちの力が大きいということです。

22

仕事に対する欲がお客さまを呼ぶ力を高める

これからの時代は一人ひとりの能力、創造力が決め手になる時代です。当社にもその「知恵」のある社員がたくさんいます。ところが、そのなかの約半数は持っている知恵を出さないでいます。実にもったいないことですし、また、つまらないことだと思います。会社は長い人生のなかでも大半を過ごす場所ですから、大いに自分の知恵を生かすほうが楽しいし、より充実した日々になるはずです。

私は学生の頃、先生からニュートンはリンゴの落ちるのを見て万有引力の法則を思いつき、ワットは沸き立つ蒸気が鉄びんの蓋《ふた》を持ち上げるのを見て蒸気機関車を発明した。湯川秀樹博士は電車の吊り革が同じ方向に揺れるのを見て中間子理論を考えついた、と聞かされました。ところが、私は「ああいう人は特別の頭脳の持ち主なのだ」とただ感心していました。大事な話を聞いたところで何も感じない。これが私たち凡人なのでしょう。

しかし、だんだんわかってきたことは、日頃から問題意識を持って考え続ける人にだけ、何気ないことがヒントになるのだということです。

私はこの仕事に就いてから「欲」を持つようになりました。つまり「お客さまに喜んでお買い物をしてもらいたい」という欲です。欲を持つようになると疑問が出てきます。

それが問題意識です。商売のコツといいますか、商売の面白さといいますか、それはやはりお客さまが喜んで来てくださる店になっているかどうかなので、その根本は何かと考えると、究極は「欲」だと思います。「お店に活気がないがなぜだろう」「お店にピーンとした雰囲気が出てないがなぜだろう」と問題意識を持つ。この意識が多くの社員にあふれているかどうかが「お客さまを呼ぶ力」につながっているのです。

私は「欲」のない人は成長しないと思っています。私も若い頃は時間を忘れて夢中になって仕事に取り組みました。思う存分仕事ができる社内の雰囲気があったからこそ、皆で頑張れたのだと思っています。

過日、お客さまからのご指摘です。「客が聞いても社員は忙しい、忙しいという感じで親切に応対してくれない。客にはセルフサービスだと言いながら社員は機械的に仕事をしている。命じられたことだけをやっているだけだ。社員がいやいやながら応対すれば客だっていやいやながら買い物をするようになる。客に笑顔で買い物をしてもらいたいのなら、まず社員が笑顔で応対してもらいたい」というお叱りでした。

まったくそのとおりで、本当に申しわけないことで、よくお詫びを申し上げました。私たち商人には、世の中を明るくする役目もあるのですから、少なくとも明るい表情でお客さまに接しなければならないのです。

23

ライバルに勝つためには「返事べっぴん」になろう

先日、親しいお客さまからのご意見で「近頃、ヤオコーの社員たちからの挨拶が消えた」と大変なげかれていました。ところがそのお客さまがある日買い物に行き、買いすぎた品物の処置に困っていたところ、後ろから女性社員がさわやかな声で「お手伝いいたします。どちらにお運びいたしましょうか」と言ってくれたので、つい甘えてしまって車まで持って来てもらいました、がその途中で「いつも当店でお買い上げくださるのですか」と聞かれ、「私も素直に『毎日ヤオコー通いよ』と答えたけど、何か今までの不満が吹き飛んでしまって、店全体が明るく変わったように思いましたよ」と話してくれました。

この女性社員の明るい応対で、その店全体に明るいイメージを持たれたようです。

何年か前（1996年）になくなりました、女優でエッセイストの沢村貞子さんという方の『私の浅草』（暮らしの手帖社）という随筆のなかに「返事べっぴん」のことが書いてありました。その子はパン屋さんの娘さんだそうですが、明るくて親切な娘さんのお陰で、その店はお客が絶えなかったそうです。
〔ほんとにいい娘《こ》だよ、第一、返事がいい、ああいうのを、返事べっぴんって言うんだね〕と書いています。とりわけ美人でもないのに「明るい挨拶」「明るい返事」のお陰で、その娘がとてもきれいだ、という評判なのだそうです。

テレビのCMに「サービス悪けりゃ命とり」というのがありましたが、お客さまのお店を選ぶポイントの第一は、売り手の接客態度にあるといえます。いくら商品が豊富であっても、価格が安くても、不愉快な思いをしてまで買い物をしようとは思わないのです。

感じの良い売り手を相手に買い物をする楽しさを求めているお客さまが圧倒的です。通信販売の普及が盛んになっても、対面販売方式がすたれないのもそのためです。

私たちスーパーマーケットの強さは、安い価格政策も一つなのですが、何といっても地域の皆さまとしっかり密着するということです。

私がこの仕事に就いて一番先に手がけたことは、お客さまと仲良くなることでした。まず、お名前を覚えることに努力しました。そのためお客さまとお話もしました。商人としてのお世辞もありました。でもお客さまはとても喜んでくれました。人は誰でも自分を大切に思う気持ちがあります。お客さまも買い物をする場合、その店の社員に〝自分のことを知ってほしい〟という気持ちが多分にあります。そういうお客さまの心理を捉えるためには、お客さまを知ることです。そういう努力もしないで、お客さまに挨拶をする意欲もなく、毎日を過ごしていたとしたら、残念ですがお客さまの気持ちはつかめません。

過日、小川町（埼玉県）にもいなげやさんが出店しました。皆さんもご承知のように、この小川町は私にとってもヤオコーにとっても大切な発祥の地であり、かけがえのない土地なのです。ですから、この土地を守るのは私以下ヤオコーの使命なのです。よく「命がけ」といいますが、この小川町でのいなげやさんとの闘いは、まさにそれに尽きます。私は、もしこの小川町の勝負で負けたら「ヤオコーの将来はない」と思っています。

「店はお客さまのためにある」といいますが、間違いなく私たち店の運命を握っているのは、あくまでお客さまであることを忘れてはいけません。皆さんもわかると思いますが、皆さんの応対如何《いかん》でお客さまは、よその店に行ってしまいます。

実は、いなげやさん開店の3日目だったと思いますが、ヤオコーびいきのお客さまから電話がありました。「魚・肉・野菜、つまり生鮮は品揃えも鮮度もヤオコーの方が良い。ところがいなげや各部署にいる社員の掛け声は、ヤオコーよりはるかに上手だ」ということです。つまり売る気十分の社員の心意気が、お客さまに伝わって買う気にさせているということです。社員の明るい一言が、お客さまを引き寄せるリズムにつながっていくのです。

この話を聞きながら、私は心中おだやかではありませんでした。この掛け声こそ、商人としてきわめて大切な基本なので、相手もよく勉強しているということです。皆さんも百も承知という気持ちでしょうが、こういう掛け声は〝自分は商人なのだ〟という気概がないと、スムーズに出てこないのです。

どんな小さなこと一つとっても負けてはいられません。いえ勝たねばなりません。私は思うのですが、小川町の大部分の方はヤオコーびいきのはずです。だって長い長いおつき合いの方がただからです。これからが正念場です。小川町近辺の皆さまから「やっぱりヤオコーが良い」といわれるお店になるよう、心から「ありがとうございます」という気持ちがお客さまに伝わるよう、明るく挨拶をしましょう。

お店の顔は売る人、つまり社員の皆さんなのです。

24

お客さまの数はコミュニケーションに比例する

先日、小川SC店で見たことですが、若い社員がお客さまに笑顔でとても上手に商品を薦めていました。お客さまはご機嫌良くその商品を買っていました。

私は少し離れて見ていましたが、今までに見たことのない社員の積極的なしかも感じの良い接客に感心しました。

売り上げを伸ばすためには、何と言ってもお客さまの数を増やすことが第一条件なのです。

仕事が多すぎる、私の仕事ではない、そこまではできない、といろいろ理由もあると思うのですが、だからと言って何にも手をつけなかったら、間違いなくお客さまは減ります。お客さまを増やすにはこの社員のように、まず自分という者の存在を知らせることから手をつけることです。お客さまの頭のなかには、この社員の笑顔が印象づけられたと思います。このような応対にお客さまは感激し、そしてその店の顧客となるのです。感じの良い接客もお客さまにとっては大きな魅力なのです。

私が当社の店内を見た限りでは、おせじにも魅力的だとは言えません。店内のいくつかのポイントに、お客さまを引きつける魅力があるかないかがお客さまを捉える決め手となる、ということを皆さんたちはとても難しく考えがちですが、そんなに難しく考えることではありません。

それにはまず、土地柄やお客さまにマッチした親しみやすい店であることが第一条件です。店内に清潔感があり、陳列も量感があり、ちょっとすれちがった社員も会釈してくれる。こういうところにお客さまは魅力を感じるのです。私は量的陳列もとても大事だと思います。皆さんは在庫管理に神経質になりすぎて、お客さまの欲しいもの、つまり売れ筋商品を忘れたりしているのではないでしょうか。

たとえば秋でしたら店内を秋らしくする。こういう点も大事です。季節感のカケラもないような店はすべてにルーズであると思います。量感、季節感を出す陳列の工夫をするとともに、お客さまとのコミュニケーションを図ることがお客さまを増やす早道です。

25

「売り手の便利」は「買い手の不便」

長く続いた好況時代に終止符が打たれ、新しい情勢を迎えたということだけは、しっかり認識しなければなりません（1992年当時）。テレビや新聞のニュースで経済界の変化はわかっていると思うのですが、これから生き残るために何を考えなければならないかということになると、一人ひとりが案外気楽なのではないかと思います。

当社も幾分か業績が停滞していますが、私から見ますとそれはバブルの崩壊による不況のせいではなく、社員全員の惰性的なやり方のせいではないかと思っています。たとえ景気が低迷しても、働く社員の努力次第で業績を伸ばすことは可能だと信じています。

第一に考えることはまず「売る」ことです。商人は売ることに貪欲にならなければダメです。ところが私が店を見たところ、売るのに貪欲どころかいささか無欲で、反対に買ってくださるお客さまのほうが積極的で困ったものだと思っています。

私のことになりますが、商売一途であった頃の店は生き生きとしていました。売上目標のグラフを作って全員で書き込むのが楽しみで、目標が達成できた日は全員が喜々とし、店は一層活気にあふれていました。

時代は変わっても、商人が「売る」という情熱に欠けたら店はもうおしまいだと思います。

この仕事を長年経験してきた私として「お客さまに楽しんで買っていただく」ための大事なポイントだけお話しします。

ものには必ず「中心点」があります。全体を捉えることと、中心点を押さえることが成功するための秘訣です。

たとえば歳末は、われわれ小売業にとって販売を促進する要素は最大です。12月の中心点は後半に置くべきですが、もちろん、その準備はあくまでも前半に行うことです。「商品の内容」「価格」「サービス」等をまずお客さまに向けてアピールしていくことから本格的な商戦につなげていくことが効果的です。まずカレンダーに印をつけること。日曜日が幾日あってどの日曜日がヤマ場なのか、かき入れどきなのか、じっくり考えて企画を立てることです。

店というのは商品もあり社員もいるわけです。ところがそれだけでは店という形だけであって、店としての働きはありません。お客さまが来てくれて商品を買ってくれなければ、店としての存在価値はありません。よく「店はお客さまのためにある」といいますが、こう考えるとよくわかるのです。

お客さまはご自分の生活を維持するために、多くの店のなかから自分のために必要な店を選ぶわけです。そして多くの方から選ばれた店が繁盛店になるわけです。また、「お客さまは王様です」といいますが、これは本当なのです。でもその王様が何を求めているかということを、当社の皆さんも考えてみたことがないと思うのです。「自由に選んで自由に買える」。確かに王様はこのことがとても気に入っています。

しかし物資が豊富になった現在は、それだけでは満足しません。店でお買い物をしてくださるお客さまにお聞きしてみると、「お話をしたい」「私の希望を聞いてほしい」と思っている方が多いのです。ですから、挨拶のできない社員や接客マナーの悪い社員（店）は嫌われるのです。

私が今までこの道を歩んできてはっきりわかっていることは、それは「買う人と売る人との人としてのつながり」だということです。つまり「挨拶ができる」「会話ができる」

「笑顔がある」、つまりこういう温かい心配りです。「この商品をこの値段でこれだけ売れば目標が達成できる」とかいうのは、売り手中心の考え方であってお客さまに反発を買うだけです。

先日ある地方百貨店に、家庭で着るワンピースを買いに行きました。年に似合った、落ち着いたデザインのものにしたいと見ていました。側《そば》に来た店員さんが「これがお似合いです」と勧めてくれました。値ごろでしたし買うことにしたら、サイズが合いません。そうすると今度は、私の好みではないデザインの服を持ってきてしきりに薦めるのですが、それもサイズのものが品切れでした。店員さんはあれこれ言うのですが、ただ売ればよいというのでは客にとってはとても迷惑なのです。それから私はその百貨店に行く気がしません。私が考えますのに、それも元は商品管理が悪いのです。

よく当社の店でも品切れを見ます。お客さまにも「夕方になると必要なものがない」と言われます。いつかその売り場の係に聞きましたら、「夕方まで残さないように」との上からの指示だというのです。でも私は必ずしもそうとは思いません。「ムリなく」「ムダなく」「ムラなく」ということは、仕入れの場合にも忘れてはならない原則です。しかし売れる商品を少量ずつ仕入れて、夕方はもう品切れということでは、無意味であるだけでなく店内の陳列を貧弱にしたり、お客さまからの信用を失うことになります。現況を把握することは社員として最も重要な仕事です。自分の責任場所の「何が売れるのか」「何が品切れなのか」わからぬようでは売り上げも上がるはずはありません。

これもとても重要なことですが、店内でのオシャレは何といっても清潔感です。いつかお客さまから「髪が前に垂れさがっていて不潔なので何とかしてほしい」と言われました。自分では良いオシャレだと思うのでしょうが、周囲の情況と調和しないのです。やっぱりその雰囲気に合ったオシャレをすることが最高のオシャレなのです。

私が皆さんを見て「合格」と思う人は、身じたくもきちんとしていて笑顔も忘れない人です。

キビキビした動作で笑顔を忘れないことが店内で働く皆さんの第一条件です。

残念ながら、買う立場からも売る立場からも完全な店はあり得ません。特に売り手にとって便利なことが買い手にとって不便だということが多いのです。だからこそ私たち小売店の役割はとても重大なのです。

つまり、お客さまにとって何が不便なのかを見つけ出して、買い良い店に近づけていくことなのです。努力の差がはっきりと数字の上に表れてくる、厳しい時代を迎えたのです。

26

価格以外の魅力はあなたの「小回り」にかかっている

先日、いなげやさんの社員らしき方がたが十数人で小川SC店を見学しておりました。3つに分かれて鮮魚・精肉・青果と重要な部門を熱心に見ておりました。江南町（現・埼玉県熊谷市）に出店する準備のためでしょう。どこの企業もこのようにして新規客の獲得のために必死の努力を重ねているのです。

小川SC店の社員は「いなげやさんの人たちですよ、たびたび見えますよ」とごくあたり前のように答えますが、何にもわかっていないのでしょうか。なぜ当店を足しげく見学にくるのか。それは、当店が最も強い競合店であり、そして当店に勝つための戦略をどう立てるかにあるのです。このことを小川SC店の皆さんにもっと真剣に受けとめていただきたいのです。もし他店が自店の近くに出店し、自店の業績が下がるようなことがあれば店長をはじめ、上の人たちの悩みはひととおりではありません。皆さんを見ていると確かに懸命に頑張ってくれています。しかしよく見ると、商品を仕入れて売っているという繰り返しの日々のように思えてなりません。つまり「売るもの」「売り方」が普通の店と似たり寄ったりで、「ヤオコーなりの良さ」を全然出していないということです。

お客さまが商品を必要としたときに、ヤオコーに行かなくてはという理由はありません。なぜなら、どこでも同じ商品を同じように売っているから不自由はしないのです。

それ故にこのような多くの店のなかから選ばれる店になるためには、「ヤオコーの店がどこの町の何番地に存在する理由、お客さまから見た価値は何か」を絶えず考えてヤオコーの「売るもの」「売り方」をどう開発していくのか、これが大事なのです。「商品の提供方法」「サービス法」「言葉づかい」「態度」「服装」をどうヤオコーらしくつくっていくのか、値段以外にお客さまを惹きつける魅力を持つ努力が必要なのです。

当社のなかのいくつかの店のお客さまにお聞きしたところでは、店長も次長も知らないということ。私はとても残念に思いました。店の代表の店長・次長がなぜお客さまにおわかりいただけないのでしょうか。それは店長も次長もわかっていただく努力をしないからだと思います。

「この店の責任者は私です。何なりとご意見、ご不満をおっしゃってください」とお客さまに親しく接する努力をすれば、お客さまは店長・次長を信用し、お店に来てくださるはずです。まず店長・次長から一人でも多くのお客さまに喜んでいただけるような魅力をつくっていただきたいと思います。

過日、小川町のお客さまからお聞きしたことですが、突然の大量注文に店長が嫌な顔もせず先頭に立って夜遅くまで頑張って間に合わせてくれた。「店長がいてくれたので助かりました」と、とても感激されていました。私も何よりも嬉しい気持ちでいっぱいでした。お客さまからこういうお言葉をいただきたいのです。会社がちょっと大きくなると、このような注文には行動より先に手が足りないとか、間に合わないとか言ってお断りしがちですが、この小回り（融通）をきかせる態勢がとれる店が、お客さまの立場を考えて仕事をしているという店なのです。一人のお客さまにでも、できる限りの小回りをきかせ喜んでいただきたいものです。

27

「ほどほど」ではなく誰にも負けない強みをつくろう

私のところに来てくれている家政婦さんはとてももの知りで、いろいろなことを教えてくれます。洋品ならどこが良い、家庭用品ならどこが良い、そして、生鮮ならヤオコーがすごく良いから買いに行こうという買い物行動になっているとか。でも、何でも良いから店に行ってみようとか、日曜日だから遊びがてらヤオコーに行って何か買ってこようというような人はあまりいないと思います。ですから「生鮮は絶対強い」「どこにも負けない」という店にならないとダメなのです。

地域での競争に勝ち抜いて利益を出していくためには、一店、一店の「個店《こてん》」が生活提案を繰り返していくなかで、需要をつくりシェアを高めていくことが第一です。競合店対策としても、自店のお客さまの消費支出でシェアを高めることを優先することこそ大切です。

先ほど生鮮の例を挙げましたが、それだけで良いというのではなく、扱う商品のすべてがお客さまの購買対象になるようにしていかなければなりません。買いたい物を全部ヤオコーで買ってくださるお客さまは、数えるほどだと思います。当社の主力の生鮮3品（魚・肉・野菜）でさえも、他店で買うお客さまがいるのではないでしょうか。この生鮮3品や惣菜は「ヤオコーに決めている」というお客さまをより多く獲得するために、品揃えや鮮度を高めながらお客さまのお買い上げ高を増していく。これが大競争時代には最も重要になると思います。

いつも言っていますように、企業態勢として「店が主体」となって動いていくのでなければ、地域の生活者の支持を向上させることはできません。お客さまに一番近いところにいる店のスタッフが、品揃えやサービスを徹底し実践していく、この取り組みを繰り返していくことが、業績につながっていくことは間違いありません。

つい最近読んだ本のなかに、ビジネスに成功している20代の気さくな経営者の話がありました。その方は、岐阜の田舎町で和菓子店を営み、インターネットを使って年間3000万円もの売り上げを達成しているそうです。成功の理由を問われた彼は「味の工夫と接客態度ですね」と答えていました。お客さまから注文を受け、商品を発送してからも味や型崩れがなかったかどうか等をeメールで問い合わせ、その声を即座に仕事に反映させているとのことです。

時間に関係なく問い合わせや苦情が来るので、一刻も早く答えなければならず、まさに「24時間闘えますか」の世界なのです、と苦労のほどを説明していました。

当然、商品もあらゆる地方、あらゆる世代から「おいしい」「きれい」と納得してもらえるものでなくてはなりません。手足はもとより、味覚・触覚・視覚など、五感を総動員した工夫が求められます。インターネット革命が進み、情報社会が到来しても、仕事は体を動かすことを抜きには考えられないのです。どんな仕事であろうと、知力や感性も含めた頭と体全体を使うように労働が求められるようになっています。

そこには、人間としての主体性や奥行きの深さなど、トータルな能力が問われるのですが、まだ20代の経営者、このたくましい商魂は、そのまま私たちのお手本です。このような店は、きっとその道の一流企業に発展すること間違いなしと、称賛を惜しみません。

いよいよ本格的なビジネスの大変革期、世界的規模での冷酷非情な市場経済になりました。

こんな時代の背景のなかでは「ほどほどのお役立ちサービスや商品」では、お客さまに見向いてもらうことさえできません。自分の「強み」をとことん磨き特化して、この分野に関しては「誰にも、どこにも、負けない」という自分なりの「オンリーワン」を持っていなければ、お客さまに絶対選ばれません。ましてや容易なことでは長期的取り組み相手の「パートナー」として相手にもされない時代、個人も組織も生き残っていけない時代になっています。

28

「生活者のプロ」であるお客さまを満足させるのがプロ

昨今の社会の動きを見ていますと、やはり世の中全体が大きな節目にさしかかっているのだと思います。今後は価値観が変わり、お金や規模・物資の力ではなく、人びとの喜び、快適さ、感動、共感等を誘うことが価値基準を形成していくのだと思います。人間にとっての本当の優しさ、豊かさ、ゆとりとは何かが真に問われ、見つめ直される時期が来たのです。

こう考えますときにいつも社長（現・川野幸夫会長）や私が申しますように、企業市民としての社会的責任の遂行こそ、これからのヤオコーを評価していただく最大の尺度になると思います。それには、ヤオコーの各店がそれぞれの地域社会のなかで、お客さまのお役に立つ仕事を積極的に実践することこそ肝要なのです。そのためには、社員の一人ひとりが会社の経営理念をしっかりと理解しなければなりません。つまり、私たち一人ひとりの責任が、非常に重いということです。

働く社員の皆さんも常に「会社をもっと大きくしたい」「働いている自分たちももっと豊かになりたい」「ヤオコーで働く誇りを持ちたい」というような希望を持っていると思います。ではどうしたらこういう希望が達成できるかということになりますと、ここで最も大切なことは、「仕事は誰のためにあるのか」ということです。会社を大きくするためだけに働くのではなく、一人ひとりが幸せになるために働くのでなければならないわけです。

幸せになるためには、第一に職場の人間関係を良くし、お客さまのお役に立つための自分の能力を十分に発揮することが何より大切なのです。特に小売業というのは人間集団です。お相手のお客さまも人間ですし、売る側の私たちも人間ですから、お相手に「与える」、つまり「尽くす」ことからお互いの幸せが生まれてくるのです。

先日もお話ししたように、店というのは商品もあり社員もいるわけです。ところがそれだけでは店という形だけであって、店としての働きはありません。お客さまにご来店いただいて、商品を買っていただかなければ、店としての存在価値はないのです。だから「店はお客さまのためにある」のです。よく皆さんから「こんなに一所懸命にやっているのに業績が上がらない」という話を聞きますが、これは自分を主観的に見ているだけであって、実際にはお客さまのお役に立っていないから業績も上がらないのだと思います。

私たちは一人では何もできません。周りの人びとに助けられてこの世に生かされているわけですから、今度は自分から人のお役に立つ、これが〝生きる目的〟にならないと立派なビジネスマンにはなれません。つまり私たちがこの仕事をする限り、仕事を通じてお客さまに幸せになってもらうよう動くことこそが本当に働くことであり、これが働く私たち自分自身も幸せにするのです。

さて私たちがお役に立ちたいお相手のお客さまは、「生活者のプロ」です。意識するとしないとを問わず、私たち商人に求めているものは絶対的なものです。つまり、お客さまと私たち商人との競争なのです。ですからお客さまの声を聞くということは、お客さまの立場から仕事を見てもらい悪いところを直していくためです。お買い物をしていただくお客さまの声に謙虚に耳を傾け、より満足していただける仕事をすることこそが、商人としてのプロといえるのです。お客さまのご不満を一時間でも一分でも早く満足に変えるには、今のままでは到底不可能だと思います。もっともっとそのための努力をしなければ、ご満足料は得られないと思っています。

第3章◉部下を育てるために必要な言葉

29

仕事を楽しめる人が増えれば会社は発展する

私たち人間の一生は、人間関係にはじまり人間関係に終わります。

私たちは一日として人との関わりなくして過ごすことはできません。まず、母子関係からはじまり、実にさまざまな人間関係を次々と持つようになります。実に多くの仲間に出会い、いろんな指導者にも出会うし、素敵な異性にもめぐりあいます。

学校を卒業して社会人の仲間入りをしますと、職場はそれまでに体験してきた人間関係の発展応用の場として待ち受けており、仕事と人間関係が表裏一体となって職場生活が展開していくわけです。

よくスポーツで関心事になっていますが、部員とのトラブルで退部したとか、監督やコーチとの折り合いが悪くて部を辞めたりしています。その反対にクラブの先輩やコーチがとても良い人たちなので今までこられたとか、何度か嫌になったが先輩から励まされてどうにかやってこられた、という話もよく聞きます。自分が好きで入ったクラブでしょうから、コーチによって練習や意欲が左右されてはいけないのですが、現実にはこういうことが常に起こっているようです。

日本人は欧米人に比べて情緒的だと言われますが、特にチーム内での人間関係はその部の成績を左右する大きな要因となっているのです。こういうことを聞くたびに、私は自分の会社に置き換えてみます。じっと社内を見ていると、とりわけ先輩・上司、いわゆる幹部たちの部下に対する影響力が非常に大きいようです。

職場での人間関係にまつわる不満や悩みがストレス源になってしまいます。ですから、明るく健康に仕事をするには、人間関係を上手にすることが大切な条件です。

よくお話をしていると、口だけはとても上手な人がいます。本人は上手に付き合っているつもりでも、相手はよくわかっていて、そのうちに本心のほうも見抜かれてしまいます。やはり人間関係の基本は「心」なのです。

私が今まで皆さんと付き合いながらいつも心していたことは、相手の嬉しいこと、辛いこと、悲しいことにも一緒に付き合うこと。もちろん相手の嫌がることを言ったりやったりもしないこと。それに一番大事なことは「ウソ」をつかないことです。つまり相手といつも一緒だと考えることです。

先頃フレッシュヤオコー（註／ヤオコーの子会社。2009年に会社清算）や田原屋フーズ（註／ヤオコーの子会社。2007年に会社清算）で特に感じたことは、決めた目標に向かって本気で取り組んでおり、そのため皆が一丸となっているということです。とても嬉しいことです。この協力というのは、好むと好まざるとにかかわらず、組織の一員として言わば義務なのです。また、先日小川SC店で販売部長が店長にいろいろと注意しており、店長も真剣に聞いておりました。注意する、注意を素直に聞く、どちらもとても勇気のいることですが、このことができないと誠意のある人間関係は生まれません。仲間同士がお互いの欠点や誤りを直し合ってお互いの向上を図る、もちろん良い意味でのライバル意識を持って仲間同士で競争する、これはビジネスの世界で特に大切なことです。

もう現在は不特定の競合店との競争を避けて通れません。商人として生きる道は「知識」「技能」などを最高に生かし、しかもルールにのっとって一所懸命に競うことしかないのです。「企業は人なり」ということの一つは、やはり人と人との関わり方が、企業の盛衰を左右する「鍵」だということでしょう。

私はいつも皆さんたちが仲良く仕事をしてくれることを願っています。しかし、皆さんの心のなかには、それぞれ他人には理解できない葛藤もあると思っています。

以前に「会社を辞めたい」という社員に聞いてみますと、仲間のことを「いつも上司に好かれている」とか「認められるように上手に立ち回っている」とか、そして「あの人に負けたくない」と、相手を悪くして自分を正当化しているのです。こういう考え方が先行しているから仕事が楽しくないわけです。

私はそのときこう助言したと思います。「相手に負けたという考え方ではなく必ず勝つ仕事をしたらどうか」と。

ところがです。最近その社員がもりもり仕事をしているのです。私の助言が少しでも役に立ったのかな、と思うととても嬉しい気持ちです。あんなにもりもりやっているのだから、仕事が楽しくなってきたのだと思います。でも、あんなに嫌だった仕事が楽しくなったのだから、何か考えたことがあったのだろうと思うのです。

一つは仕事の能力が相手より優れてきた。そして今まで持っていた劣等感がなくなって少しずつ自信がついてきた。だから余裕も出てきたのではないでしょうか。

余裕がないときはすぐあせりますからね。どれがうまくいくか、あれこれやってみて結局中途半端に終わってしまいます。ところが余裕が出てくると一つひとつをじっくり続けるから、成功確率が高くなるのですね。人間はまことに自分本位ですから、自分で出す一つの成果は他人の百の成果より何百倍も自信につながるのです。そして、それがまたやる気にもつながって仕事が楽しくなるのだと思います。

もともと仕事って苦しいし、きついものです。よく上司が「楽しくやろうと思えば楽しくなる」と元気づけてくれるでしょうが、実際は楽しくない嫌なことが多いのでしょう。よく仕事を趣味に考えると楽しいという人もいますが、それもお金を稼ぐのだとなると苦しかったり、嫌になったりしてしまうのですね。

でも、物事は反対に考えてみることも大事です。もともと仕事はなんでも辛いものだと思いがちだけど、楽しいこともいっぱいあるはずです。

たとえば音楽にしても、ゴルフにしても、パズルにしても、すごく楽しいようですが、嫌な人にとってははなはだ苦痛なのではないでしょうか。私も中年の頃、健康法ということでゴルフに誘われましたが、その頃はまず靴が重く、クラブも他のものも重くて持病の背中の痛みがひどくなり、とても楽しい遊びどころではないと3回ほどで止めてしまいました。ところが、この頃ゴルフを上手にやっている人を見ると、楽しいんだろうなと思い自分もやっていればよかったと思うわけです。

仕事が楽しい、楽しくないという差は「やりたい」と思っているか否かの差ですね。そしてやりたいと思えるようになるには、うまくいったり成果を出したりして心に余裕をもつことが必要ではないかと思います。

30

いい仕事をするために必要なのは正しい言葉づかい

何事にも基礎とか基本とかいうものがあって、それがとても大事だとされています。

私はこの5、6年足がしびれたり背中が痛んだりして、1日の半分くらいは辛い思いですが、その原因は脊髄の変形だそうでして、要するに姿勢の基本が保てないということでしょう。

基礎・基本というと、物事のはじまりにそれがあるということから、一番やさしいことのように思われがちです。確かに、高等数学でも加減算は基本でしょうし、決められたやり方を覚えてしまえばそう難しくないのでしょう。けれども足し算は、本当は難しい事柄なのではないでしょうか。

現在は多くの子供さんたちが、ピアノやバレエ等を習っているようですが、その基本も姿勢のようです。そのうえで、共通の基本とされていることの一つに、腹式呼吸があるといます。

何でもそうですが一所懸命になりすぎると、全身に力みが出てしまい不自然になってしまって自由な活動を妨げてしまうのです。私たちも十分に自信の持てることでも、力んでしまうと上がったりします。そういうときには、肩で呼吸しているのが自分でもよくわかり「まいったな」と思います。ですからどんな練習でも、基本中の基本たる腹式呼吸を第一に教えるようですが、これがなかなか身につかないのだそうです。

いろいろな方から、こういうお話をお聞きしますと、生活のなかで基礎・基本が、いかに大切かということがよくわかります。

当社も現在は若い皆さんのお陰で体質も若返り、フレッシュな感じがみなぎっています。でも反面は思考力が弱くなり、単純思考や短絡思考の人たちも増えてきております。そして民主主義や自由主義をはきちがえて、世の中は自分中心に回っているのだという錯覚の持ち主もおります。つまり自己抑制力に欠け相手の立場を理解する能力が弱い、ということです。会社では、お互いの意志疎通を円滑にすることが一番の基本です。

それには言葉づかいをマナーの第一歩と考え、最も大切にしなければならないと思います。昔から「丸い卵も切りようで四角、ものも言いようで角が立つ」と戒めているように、言葉は人格の反映であり、また、人間関係を良くする潤滑油なのです。各職場でも年配者と若者、先輩と後輩といった具合に、年齢的にも熟練度の面でも異った人たちが集まって働いています。「どうもあの上司にはついていけない」「どうもあの部下は素直さが足らない」と言ったように、お互いに信頼できない関係では、良い仕事ができるはずがありません。

特に言葉のつかい方の適不適によって人間関係がうまくいったり、損なわれたりするのです。また、年配者には、本などで得られない貴重な経験があるのです。若い人たちは年配者の経験や知恵を、機会あるごとに学びとる素直さが大事です。

もちろん、年配者は、若い人たちの持っているセンスや新しい知識を教えてもらう努力をすることです。上司や年長者には、丁寧な言葉をつかい、部下や年下の人には、やさしい言葉をつかうと、人間関係も仕事もスムーズに運ぶことができるのです。

正しい言葉づかいは、その人の人間形成にも大きなプラスをもたらします。

私たちヤオコーという会社の理念には「お客さまを大切に」ということがあり、それがすべての基本になっているわけですが、もしかするとこの基本を忘れてしまっている人もいるのではないでしょうか。

私の若い頃、母は貧しいなかでも常に周りの人びとに感謝し、どなたにも笑顔で接することを身をもって教えてくれました。私はそういう母の姿が目に焼きついていて、今でも母を尊敬しています。

私は会社が大きくなることよりも、大事なことに素直に耳を傾け、なごやかな人間関係が保たれ、お互いに伸びていくというやり甲斐のある会社にする方が嬉しいし、働く皆さんの張り合いもでるのではないかと思っています。

31 明るい人は周りも自分自身も楽しくさせる

会社のなかで「うちの職場も○○さんが加わったお陰で随分ムードが明るくなって働くのも楽しいよ」とか、反対に「○○さんが転勤したら職場が気の抜けたビールみたいでなんだかつまらない」というようなことをよく耳にします。私はそういう話を聞きながら、「暗いイメージよりも進んで明るくするイメージ」を持つ人のほうが自らも楽しいのではないかと思います。

善くも悪しくも職場に大きな影響を与える人がいるのは事実です。プロ野球も終盤にきたようですが、すでに引退した元巨人軍の中畑清さんも、昨年（1989年）まではチームの〝灯火《ともしび》〟的存在だったようですが、今でも多くのご家庭の、茶の間の灯火になっているのではないでしょうか。

篠塚利夫（現・和典）選手が「中畑一人の分をチーム全員で盛り上げていこう」とシー

ズン前に皆に話し、率先して後輩の指導にあたっているようです。しかし、「中畑みたいにはとてもなれない」とインタビューに答えていました。

周囲を明るくする人というのは、ある部分では罪つくりなのかもしれません。その人が去った後の反動が余りにも大きいですから。

これは私がお付き合いしている他社の総務の方のお話ですが、立場上異動や退職に伴う送別会に出席されるそうです。その人がいかに慕われていたかのバロメーターが、残酷なまでに出るのが送別会だということです。たとえば集まる人数、ハンカチで涙拭く人数が、その人の日頃の人徳に比例するのだそうです。そしてその方は「まあやっぱりその人がいるだけで職場が明るくなる、楽しい、そんな人がいなくなるのですからみんな寂しいわけですよ」と言っていました。私もよく同じことを考えながら送別会に出たものです。

2年ほど前（1988年）、どこかのテレビ局が、巨人軍の応援団に「中畑さんのどこが好きか」とアンケートをとったら、「明るいところ」「さわやかなところ」「ひょうきんなところ」、こんな答えが圧倒的でした。そして最後のインタビューに答えた若い女性ファンが「あんな人が旦那さんだったらどんなに明るい家庭になるかなあ、ほんとうに中畑さんの奥さんはうらやましい」と言っていました。

ところが、中畑さんの奥さんの話ですと、あの明るさは本人がかなり努力しているとのことです。毎日結果がはっきり出る仕事だから、自分で演出した明るさで自分自身を奮い立たせているのだ、というお話でした。あたり前のことでしょうが、このあたり前のことができない多くの人たちのお手本だと感心しました。

巨人軍の藤田元司元監督（故人）も中畑さんのことを、「明るく気さくな男だが、それは見える部分だけの話で、彼がスランプになったとき、体中にジンマシンができたことを知り、それ以来私は彼に対する見方を変えた。表面に出ているのは本当の中畑ではなくて、実はもっと神経質でこだわり、考えて、その後で明るく転換していく。だからスランプのときでも、ベンチでは大きな声を張りあげて、人も自分も気持ち良くしようと努力している」と話しています。

「人も自分も気持ち良くしよう」ということを聞き、前に話していた他社の総務の方の「送別会の盛り上がりのバロメーター」ということが、よくわかるような気がしました。「周囲を明るくする人」、こういう人はどこでもほしい価値のある人なのです。

私が感心いたしますのは、じゃあ中畑さんが声を張りあげる、明るいだけの男なのかというとそうではないのです。実力がすべてのプロの世界、彼のキャラクターも当然のことながら、力あってのものなのです。プロ生活14年間のなかで、通算打率2割9分だとか聞きましたが、ここまで打つのは並大抵ではないと思います。しかもこの数字は、「自己暗示のお陰」と本人は言っているようです。

中畑さんは、入団してから2年間というもの、二軍と一軍を行ったり来たりしていたそうです。それでも、努めて明るくふるまっていた彼に、ある日、当時の長嶋茂雄監督は、「毎朝起きたら、〝オレは2割8分以上打てるバッターなのだ〟と必ず叫ぶのだ」と、アドバイスしたそうです。

それ以来毎日、大声で長嶋監督直伝の自己暗示法をはじめたのだそうです。その結果、通算打率2割9分という成績を残したのです。

ついグチをこぼす私たち、人をうらやむ私たち、反省する前に反論してしまう私たち。そんな自分たちに今日限りオサラバしなくてはいけない、と中畑さんに教わっているような気がします。

とにかく、彼の全力プレーで人びとを明るい暗示にかけたことは、野球界だけでなく、このとかくうっとうしいことの多い世の中に大きく貢献したと思うと、野球をよく知らない私でも彼に最大の敬意を表するのです。

先日、トイレでふと女性社員の話し声が聞こえました。「いいじゃあないの、前向きにいこうよ。○○さんに3日間仕事をあけられると辛いけど、お互いさまなんだから。こぼさず楽しくやろうよ」と言っていました。私はとても嬉しくて、トイレから飛び出して御礼を言いたいのを抑えました。別に盗み聞きしたわけではないのですが、「いつも私たちの話を聞いている」と皆さんが思うと、トイレのひとときの楽しい話題も消えてしまうと思いましたから。生鮮センターにお勤めくださる女性社員の方がたは、皆さんとても明るくて、一緒に働いていても気持ちが良く、教わることも大です。

先日ある方が、多分お子さんのことだと思いますが、「オッチョコチョイだけど気をつけてれば大丈夫、あとは自信を持ってやること、お前ならできるよ、と励まして出てきたのよ」と他の方に話しておりました。たまたま後ろにいた私に気づき、照れくさそうに「実は今日子供のテストなのですが、私に似て算数が苦手で、おまけに上がり症なので、元気づけようと思ったものだから」と話してくれました。なんと素晴らしいお母さんなのだろうと感服しました。

自分を、子供を、家族を、また同僚・後輩・先輩を、大切なお客さまを明るくさせる。そんな毎日を送れる人は、自分自身もさぞ楽しいことだろうと思うのです。

32

周りの人のお役に立てば自分自身も幸せになる

どんな人生だってそれぞれ悩みもあれば苦労もあります。それらを克服して生きるのも容易ではありません。だから、それぞれに一所懸命の日々ではあるけれども、誰もが自分だけにこだわっていたのでは世の中は良くなりません。いつも申しますように、この世はお互いの奉仕と協力によってお互いの幸せを切り拓いていくのです。

皆さんのなかには、他人のために何かしてやることが損だと思っている人もいると思います。

そんなことをしても、自分には何の得にもならないと思っているのでしょう。よく若い人たちの話を聞くと「何かやりはじめたけれど辛いことや思うようにならないことが多すぎて嫌になった」と言います。あるいは「一所懸命にやっているのにどうして自分だけにこんな辛いことばかり起こるのだろう」と言います。実際に今悩んでいる人もいるでしょうが、あなただけではないはずです。そうしたときに大切なのは、周りも同じなのだと考えて苦しさ辛さに耐えて努力することなのです。

結果的にはきっと良い道が拓けるのですが、どうも若い人たちは何とかなるものをならないと思い込んでしまうようです。昔からの教訓ですが、「なせばなる、なさねばならぬ何事も、ならぬは人のなさぬなりけり」、教えられますね。

ついこの頃のように思われますが、1992年1月に大相撲、恒例の初場所があり、相撲史上最年少19歳5カ月という貴花田関（元横綱・貴乃花、現・貴乃花親方）が優勝したわけですが、この勝負に近所の人たちはもちろんのこと、テレビ、ラジオで全国に放送されて何百万人という人びとが引きつけられました。そして、何の関係もない人たちまで本気で喜び、涙をこぼしました。

なぜなのでしょうか。それは、あの貴花田関の若者らしい率直さとプロとしての真剣さが、何百万人の視聴者に感動と涙を与えたのです。親である藤島親方（故人）は、親としての甘えは少しも見せず、上司としての姿で「毎日の並々ならぬ稽古の賜物です」と話しておりましたが、この毎日の努力の積み重ねがなかなか実行できないものです。

藤島親方は、私たちに大切なことを教えてくれています。きっと貴花田関も相撲という仕事を自分に与えられた天職と思って、命がけで体を張っているのでしょう。私たちが今やっていること、成功させようと頑張っていることも、天職であって本業なのです。ですから貴花田関のように「よくやってる」とお客さまや周りの皆さまから感謝されるような熱意があって当然だと思います。そのためには、やはり自分の仕事に興味を持つことです。

自分の仕事に興味を持てるか持てないかは、大部分はその仕事への使命感によります。使命感がわかってくると大切さもわかってくるから興味も湧いてくる、ということになるのだと思います。興味が湧いてくる。熱意が湧いてくる。「できた」「失敗だった」、結果はどうであれ、自然に本当の涙が出てくるのではないでしょうか。

嫌で仕方がないけれども一所懸命にやるのは疲れます。肩もこります。嫌になるから能率も上がらない、上司から注意される、不平が起こる、すると周りから「しようのない奴だ」と言われてしまうのです。私は成功の道と不成功の道は、きわめて簡単だと思うのです。会社のなかでも決して難しくないと思うのです。難しくないのにやたらに難しくしているのは、本人自身なのだと思うのです。

先日ある幹部がこんな話をしていました。「最近の若者は口では立派なことを言うが勤怠の悪い人が多く、数字が悪くても自分の休みは全部消化しながら、『大変だ！　大変だ！』と口先だけで言っていて、指示されたこともやらず平気の平左でいる。何か言うと『時代だから』と決めつけてきますが、これを仕方がないと言っていると会社が衰退していくことになるので、このままではすまされない問題だと思います」と言っていました。話を聞いている私も全身の血の気が失せるほど愕然《がくぜん》としました。これは大変な問題です。

今の若い人たちは、幸せアンテナの感度が狂っているのでしょうか。自分だけ良ければ周りの良し悪しなど関係ないのでしょうが、やがてはそのしわよせが自分にまわってくるのです。

ここに2人の社員がいたとします。同じ仕事をしていても、一人は1カ月の半分以上を一所懸命に楽しく働き、もう一人はいつもぶつぶつ言い楽しいのはせいぜい1カ月の内の1週間くらいだとします。これを1年で換算すると……、一生では……、この2人の人生は、幸せと不幸せが大差になっていきます。

私のお友だちの一人ですが、いつも寂しそうで「やりたいことがいっぱいあったけどできなかった」とこぼします。私はふと、やりたいことに本気で挑戦したのだろうかという疑問を持ちます。

その点、私は幸せです。「商人としてお客さまのお役に立つ」仕事を本気でやってきました。そしてまだまだ続けられそうです。本当に感謝の日々です。私のような凡人でも、この仕事に成功できたということは、「できる」と信じて仕事に真正面からぶつかっていったからだと思っています。こういう私ですから、先ほどのような自分だけのことしか考えない社員の話を聞くとたまらなく寂しく会社のこれからが案じられます。

33

上手に誉めることを覚えよう

過日、自宅のお風呂場を少し改造したいと思いある業者さんにお願いしました。5人くらいの会社のようでしたがとても誠実そうな社長さんでした。よく相談されることですが、この社長さんも社員のことで苦しんでいました。社員が入ってきても、とても真面目で安心しているうちに「辞めたい」と言い出す。そんなふうに何人も辞めていくのだそうです。

聞くところによると、原因は上司との人間関係でした。上司が威張っていて、指示は一方通行になっていて、しかもそれを押しつける。「汗水流して働いている私たちのことはちっともわかってくれない」ということでした。まあ、上役《うわやく》の方もいろいろ理由はあるのでしょうが、やはりこういう部下の本音にも耳を傾ける必要があると思います。今は、部下のタイプに応じた対応ができない上司には大変難しい時代になりました。一人ひとりの汗の結晶が周りに理解されないことほど寂しいことはありません。皆さんの努力が、部下の人にも上司の人にも知られるということは、何にも増して嬉しいことです。そういう点では、当社は社長・専務（現・川野幸夫会長、清巳社長）をはじめ各部長たちも温かい気持ちで皆さんを見守っているのがよくわかります。社長がよく言いますことは、「今日も社員の皆さんが汗水流して一所懸命に働いてくれています。それを思うと私たちも安閑《あんかん》としていたのでは申しわけない」と、いつも社員の皆さんに感謝している社長にとっては、それが素直な気持ちだと思います。

私たちの毎日の仕事には、苦労がつきものだけに仕事がうまくいったときの喜びもまた一入《ひとしお》なのです。そして、その苦労を周りの人たちにもわかってもらいたいし、仕事がうまくいかなくて落ち込んでいるときに、周りの誰かのちょっとした一言が励ましになったとか、仕事がうまくいったとき、周りの仲間たちも一緒に喜んでくれたりとか、程度の差はあっても誰もが経験していることです。自分がそうであるように、仲間も上司も後輩も誰もがそういう感情を持っています。そういうことをお互いにわかり合う、お互いの努力を喜び合い、また助け合う。そこに皆さん一人ひとりの幸せも、会社全体としての仕事の成果も生まれてくるのだと思います。

私は、若い頃誉めることの勉強を随分しました。やはり、周りの人たちに感謝の気持ちを表すことが大事だと思います。誉めるということは、相手に対するいたわりであり、お互い同士をしっかり結びつける一つの大切な絆ではないかと思うのです。皆さんも、叱ることも大切ですが誉めることの勉強もしてください。

34

教育や躾を怠る会社は大きくなれない

ご存知ないかと思いますが、私は教員を2年やっておりました。まだ若かったし、先生というのは苦手でしたが、当時兄が戦争にかり出され家は貧しいし、働くのに一番神聖な職業というので教員を選んだのだと記憶しています。当時を思いますとずいぶん辛いこともありましたが、教えられることも多かったと思います。若かったので、わからないなりに先生方や生徒と一緒に一所懸命やりました。今になってみると逆に私自身が教育されたように感じます。もちろん学校教育と会社の教育とは違いますが、ある意味では共通するところもたくさんあります。

よく思うことですが、会社のなかでも給料をもらいながら学校と同じつもりであまり働かないで、何だかんだと文句を言う社員も何人かいますが、それが5年たち10年たって幹部になってくると自然に自分でわかるようになります。

仕事は頭がよいということだけではだめです。やる気とどんなことにも対応できる、つまりどんな職場に行ってもその仕事がこなせる、そういうことが一番大切です。

当社も小さいときには社員の人数も少なかったので、一人が休むと業務に与える影響が大きいですから、一人ひとりが責任を持って働かなければなりませんでした。ですからお互いのポジションの数人がこの会社を支えているという誇りと責任を持つことがとても重要になるわけです。一人ひとりの個性とチームワークのバランスをどうとっていくか。私も何十年もの間、皆さんと働きながら勉強してきました。

当社もよく配置換えをし、若いうちにいろいろな経験を積むようになっていますが、私自身の経験から言っても若いうちからいろんなセクションを経験したほうが、後で必ず役に立つと確信します。

私も何十回となく新しい人と出会い一緒に仕事をしましたが、気心が通じるようになった頃、別れるという寂しい思いもしました。でもこれもお互いにとって良い試練だと考えてきました。「どうしてもこの人がいなくなると困る」と言っていたら、いつまで経っても組織は良くならないと思います。逆に言えば皆さん一人ひとりが旺盛な責任感を持って取り組めば業務の質は必ず向上するはずだと思います。

私たち流通業は人です。お客さまが人なのですから、人である社員もお互い同士を大事にしないと会社は良くなりません。

さまざまな顔をもったお客さまが毎日、日常お使いになる商品を現金で買ってくださるスーパーでは、従業員がレベルアップした従業員であるべきですし、社員全員（もちろんパートナーさん、アルバイトさんも）がきちんとした身なりで、笑顔のあるサービスをすべきなのです。

私たち流通業の基本は世の中がどう変わろうとも変わらないのです。ですからこうした躾や教育のできない会社は大きくなれないということです。

皆さんもご承知のように現在は人手不足です。流通業以外の産業も同じです。むろん外部要因があるわけですが、内部要因も多々あると思います。

現在、当社では社長（現・川野幸夫会長）をはじめ幹部社員たちが真剣になって内部改善に取り組んでいます。

よく社長と話をしますが、社長の考え方、姿勢には確固たるものが見えます。将来のビジョン、たとえば「何のために社員を採用するのか」その目的もはっきりしています。「新規出店をどんどん行う」とか「本部機能充実のためにスタッフが必要」だとか前向きの姿勢がよくわかります。

中小企業というのは組織で動くのではなく人で動くのです。社員一人ひとりがトップナンバー1、2、3の立場で仕事をしているようなものです。大企業や官庁は組織で仕事をしますが、流通業や中小企業は人で動くのです。お互いにここが間違えやすいところです。「社風」とか「企業文化」とか言いますが、働く皆さんの理想は「働き甲斐がある」「やり甲斐がある」「生き甲斐がある」「仕事の内容がピタッと合っている」。なおかつ「給料が高い」「労働時間が短い」というのが本質だと思います。

そしてそれが実現できる社内体制・社内整備に、今、当社は総力で取り組んでいるわけです。いつも私が願いますことは、店舗の多い少ないということより、皆さんが将来に夢を持てる経営であってほしいのです。

その点、社長は常に将来への夢を持っています。「株式上場のこと」とか、「一人ひとりの社員をどのようにきちんと育て、幸せになってもらうか」など、周りの人たちのことを頭におきながら将来に向かって一歩一歩進んでいます。

私は社長の話を聞いて「人を大事に思う経営だ」と内心満足しています。そして社長が考えているような、生き生きと若さあふれる会社、若い人たちが働きやすい会社、そういう風土を皆さんの力でつくってもらいたいと思っています。

私はこの頃、しみじみと健康について考えるようになりました。働くことに夢中な頃はこれといった健康法も考えず、朝早くから夜遅くまでただ働くだけでした。だから子供たちの面倒を見る暇もありませんでしたが、そのわりに子供たちが素直に育ち、親孝行も忘れませんので内心ほっとしています。

この頃余裕もでき、本を読む気になっていますが、とても残念なことは人生の師と呼ばれるような方がたが「言っていることとやっていることが違っている」ということです。

私は何でもただ一筋にやるほうで、自分で言うのもおかしいのですが仕事も一所懸命やりました。でもこの頃「あれでよかったのか」と思うようになりました。

現在は、社長をはじめ社員の皆さんが頑張ってくれますので、自分なりに余暇を生かしたいと思うのですが、今になって「これをやっている」と言えるものがないのを非常に寂しく思っていますし、この頃若い皆さんとお話しすることがとても大事なことだと思っています。私の言うことが皆さんの生活のなかでどう生かしてもらえるか、なかなか難しいことですが、皆さんに少しでもわかってもらえるよう話していきたいと思っています。私の人生観から言えることですが、それは私のようにただ働いただけでは年をとってから打ち込めるものがないということになります。幸いに今の時代は皆さんの日常生活も「働き、学び、遊び」という3要素から成り立っています。働いて学んで遊んで明日の活力を蓄える。

本当に良いことだと思います。皆さんはこの合理的な日常生活のなかで時間を有効に使い、年をとっても打ち込めるものを持てるよう、仕事も趣味も磨いていってください。

35

明るい職場、良い企業の基本はやっぱり挨拶

当社でも会社が小さかった頃から私は難しい理論を云々《うんぬん》する前に、「まず挨拶がしっかりできることが先だ」と常に言ってきました。非常に簡単なことのようで実に難しいのが挨拶ではないでしょうか。私も今まで大企業をはじめいろいろな企業の多くの皆さまにお会いしてきました。気持ちの良い明るい挨拶をされる方もあれば、直接関係のない方から一礼を受けて恐縮したこともあります。しかし中には、こちらから挨拶してもロクに応えていただけない人もいました。

こういうなかで、きちんと挨拶ができる人びとが多くおられる企業が発展しているという事実は、やはり挨拶ができることから大切なことがどんどん実践できる企業になるのではないでしょうか。

皆さんも、仲間同士で顔を合わせても知らんぷりという場にぶつかることもあると思い

ます。はたで見ていても嫌な気持ちですね。挨拶には上も下もないのです。やはり挨拶は明るい職場づくり、良い企業づくりの基本なのです。

私の周りには社員の子供さんや赤ちゃんがいっぱいいます。赤ちゃんを見ていると、赤ちゃんは親の愛撫を求めます。あやしたり声をかけたり抱っこしたりすることは、赤ちゃんの成長にとって欠かせない要素です。

この、人が人に働きかけることを「ストローク」と呼ぶようですが、このストロークを求める気持ちは赤ちゃんからはじまっており、ストロークを求めてやまない人間の欲求は、大人になっても絶えることなく続いていくのです。お客さまも「私がこの店に来ているのをわかってほしい」「認めてほしい」と欲しながらご来店くださっているのです。そして、このストロークを満たしてくれる社員に心ひかれて、店に愛着を感じ固定客になってくださるのです。

このストローク、つまり人への働きかけの第一歩が挨拶だとすれば、まずお客さまに明るいご挨拶をすることがお客さまに愛される基本であるということも明白です。お客さまはもちろんのこと、仲間同士のつながりも挨拶からなのです。一人ひとりが挨拶をもっと大事に考えていきましょう。

36

「聞きベタ」は人間関係を悪くする

聞くことのルールの第一はメモをとることです。何の用意もなく話を聞こうとする人はダメ。私の話であれ上司の話であれ、そこから何か学ぼうと思っているのならメモの用意が必要です。これは学ぶ者の鉄則なのです。

ルールの第二は、相手の話にうなずくことです。うなずかないと話をしている者は、「これは話を受け流してしまっている」と思うわけです。私は役目柄お話をするときに、聞いている者の行動、傾向をじっくり観察しますが、「うなずかない」つまり聞きベタの人が多いのに驚いています。

私の主治医はとてもやさしい方で、いつも私の話をよく聞いてくださいます。

その先生のお話によると、神経科の患者のほとんどは対人関係なのだそうです。そして、対人関係でのもつれは相手の話をきちんと聞かないことからはじまるとのことです。

ある機関の調査では、人間の言語活動は「聞く」「話す」「読む」「書く」の4つに分けられ、生活時間のなかでその占める割合は「聞くが50パーセント」「話すが30パーセント」「読むが15パーセント」「書くが5パーセント」だそうです。このデータからも「聞く」ことが日常生活のなかで、いかに大きなウエイトを占めているかがわかります。

私は入社式で何を話すことが若い人たちのためになるのか毎日毎日考えました。そして私は、若い皆さんに夢を持ってもらうことが大事だと思いました。「やろうと思えば必ずできる」そのことを若い人たちが少しでも理解できるよう私の体験も交えて一所懸命に話したのですが、話しながら今の若い人たちの多くは聞きベタなのだなあと、つくづく思いました。中には「自分の人生は自分で決める。夢があろうとなかろうと余計なお世話だ」と思っている人もいたかもしれません。でも、それではその人の将来はあまりに寂しすぎると思いました。

よく子供たちと話すと次から次へと「それでどうなったの」と積極的に聞いてきます。話すほうも間違ったことを教えては大変だから真面目にきちんと話してやります。話すほうも聞くほうも心を開いているわけですから、一種のカウンセリングテクニックだと思ったりします。私は子供たちのように聞き上手な人が大好きです。もちろん調子良く合わせる人とは違います。今の人たちは困ったことに聞くことを好かない人が多いのです。私は読むことより聞くことのほうが好きですから、人さまや社員の話をよく聞きます。もちろん自分の役に立つからです。昔から「聞くは一時の恥」と言いますが、私は理解できないと何度でも聞きます。今は社長（現・川野幸夫会長）や専務（現・川野清巳社長）に一方的に聞くことばかりになっていますが、聞くことや教わることは恥ではないと思っています。新しい社員の人たちも、そろそろ会社というものがわかってきた頃かと思いますが、この時期が一番大切ですから先輩たちの良き指導が必要になります。

よく先輩たちは新人の躾は嫌だと言いますが、新人に嫌われるからか、それとも部下を育てる方針がないからなのかわかりませんが、そういう先輩たちは部下から人気を得るコツを優しく甘やかすことなのか、正しいリーダーシップを発揮することなのか、判断ができないのだと思います。

私が実際に見てきたところでは、部下がついていこうとする上司は、いつでも筋が通った躾をキチンとしてくれる上司のようです。

先輩の多くは部下から嫌われ人気が落ちるのを嫌がるようですが、好きとか嫌いとかの低い次元で考えていたのでは良い躾はできません。部下が一人前の社会人として立派に生きていけるようにやかましく躾ける。これが本当は部下への愛情なのです。

部下は、会社は選べても上司は選べません。だから立派な社会人・職業人に成長させようと真剣に取り組んでくれる上司につくと部下は幸せなのです。

よく新しい社員が望ましからぬ行動をしているのを見ます。そのことを本人は気づいていないこともありますが、だいたいは「いけないことかな」くらいはわかっているのです。それを上司が放っておいたらどうなると思いますか。部下はたいしたことはないのだと〝ほっ〟とする反面、仕事をなめ、組織をなめるようになります。そして良い行動習慣が身につかなくなるのです。良い行動習慣が定着しない社員はどんなに頭の良い社員でも仕事の成果は上がらなくなります。そして職場にいても一人前にならないと思い、肩身が狭くなって先行きが不安になり職場を去っていくのです。

困った奴だと内心イライラしながら見て見ぬふりをすることは、新人を伸び伸び育てることではなく、本当は彼らの伸びる芽を摘み不安を募らせ、大変な時間とお金を使って採用した貴重な戦力を失うことになるのです。部下が成長できるか、途中でつぶれてしまうかは、もちろん本人による要因も多々あるわけですが、上司がきちんと部下を躾けないことも大きな要因なのです。

きっと新入社員の多くは、何らかの希望を抱いて入ってきていると思いますので、まず今頃から未来への抱負や指針、生き方などを語ってやることが大切です。「これからどうすべきか」「われわれはどうあるべきか」「会社はどんな人材が必要なのか」を。

バブルの崩壊だとか、環境問題だとか、何か世の中で噂されていることを鵜のみにして、企業のあり方や働く人の意識変革とか、そんなことを話してもムダです。自分が実際に考えていること、行動していることを真剣に話してやれば部下は感銘するのです。

いずれにせよ十人十色で、人にはそれぞれ個性というものがあります。良い面、悪い面があって人によって受けとり方が違います。自分で自信を持って教えても、思わぬところで失敗することがあります。

しかし、その失敗を気にしていては部下は育ちません。よく「休まず遅れず働かず」というサラリーマン的な生き方をしている他社の社員の話を聞きますが、そういう会社は決まって部下は上司を上司として認めていません。だから社員は生き生きしていないので気の毒ですが、それはつまり上司の責任だと思います。

「部下の良い面を伸ばしてやろう」、私はこれで勝負するといったアピールができるようになるのが上司の価値につながっていくのだと思います。

先輩たちにとって一番大切なことは、部下の良い面を伸ばしてやることです。それには先輩の皆さん一人ひとりも、自分自身を伸ばす努力が大切です。他人をねたんだりする、つまらない考えより、お互い同士が良い面を認めあって励まし合うほうがお互いにプラスだと思います。

皆さんはまだ若いのですから、会社を活用して自分のやりたいことができたら最高だと思いますし、そのほうが会社にとっても皆さんにとってもプラスだと思います。

先程の他社の社員のように「こんなやりたくないことは避けたい」と、変に開き直って会社なんか適当に過ごしていればいいかといって、悩みから逃げ回っていたらもうおしまいです。若い人の場合は悩めるときは悩んだほうがレベルアップします。

新入社員がきちんとした社会人になれるよう上司が自信を持って躾けてください。

37

後輩の入社は再学習のチャンス

いよいよ若さあふれる新入社員がスタートを切りました。私はこの時期になると新人たちを左右する先輩の姿を思い浮かべ、ぜひ良き先輩になってほしいと願うのです。「良き先輩についた新人は一生の得、悪しき先輩についた新人は一生の損」と言われますが、それぞれの部署に配属された新人は果たしてどちらの道を歩むことになるのでしょうか。

もちろん新人も立派な社会人です。自分の人生は自分で切り拓いていく考えを持っているでしょうから、他人の影響で簡単に決まるものではないと思います。もし、新入社員の誰かが「先輩のAさんがいけなかったから」と考えたとしたら、自分の責任を先輩に転嫁したわけで、そういう甘ったれた気持ちは最もいけないと思います。でも考えてみますと、まだ世間のことがよくわからないわけですからついそう思ってしまうかもしれません。

先輩の皆さんたちも、今まで知らないままに親の影響、上司・先輩・仲間の影響を受けてきています。

よく「親の姿を見て子は育つ」と言います。たとえば父親が「寝ころんでテレビを見てはいけない」と子供を叱ったとします。ところが、叱った父親が横になって新聞や雑誌を見ていたりしたのでは、子供には立派なことを言っても行動が伴わないわけですから、子供が果たして父親の言うことを素直に聞くでしょうか。

職場においても同じです。新入社員にいろいろと厳しく言うわりには行動が伴わない先輩社員が、皆さんの職場にもいるのではないでしょうか。「言うことより行動する」。ここで先輩社員の後ろ姿が学ばれていくのです。

他の会社を辞めた青年からこんな話を聞きました。その会社に入社してある部門に配属されました。その青年の先輩はとても熱心に仕事の内容、進め方、やり方を教えてくれました。はじめは「厳しい人だけど良い人だ」と思いながら夢中で仕事を覚え、とにかくこの先輩についていこうと食事も先輩と同じものにして、勤務外もついて行き、金魚のふんのように先輩の後ろをついて回ったそうです。

ところが日が経つにつれて先輩の行動にとても不信感を持つようになったのだそうです。仕事ぶりを見ていると、時間ギリギリにあわただしく出社してきて、皆を見てニヤッと笑って「今日も一日だからゆっくりやろうや」と言う。よく見ているとサボることがとても上手で、そのうえ上司の陰口を言う、私用電話をする、会社の備品だからといって平気でムダにする、そのくせ自分の金はけちる。

入社時は、仕事を覚えることに夢中で気づかなかったたくさんの悪いことに気づき、知らない間にその先輩と同じような行動をしている自分に驚いて親友に話したところ「良い上司に相談してみろ」と言われたけれど、周りをみても憎まれる嫌な上司ばかりなので、ばかをみないうちに辞めました、と話してくれました。

白紙の状態で入社してくる新入社員にとっての一年間は、その後の企業人としての長い年月に大きな影響を与えてしまいます。特に先輩社員の影響力が一番強いことは、この青年の話でも本当によくわかります。皆さんも考えてみると新人の頃は、いちばん身近な先輩社員の影響を受けてきたのではないでしょうか。そして、先輩となった皆さんは、意識して行動している面、意識しないで行動している面の双方ともが、常にその後ろ姿を後輩に学ばれていることを肝に銘じておく必要があります。

それではどうして新人を育てれば良いかと言いますと、まず新人の立場・気持ちを良く理解してあげることです。新人の心は期待と不安が微妙に入り混じっています。特に人間はじめて経験する未知のことに誰しもが不安感を抱くものです。そんなときは、自分から進んで行動しようとは思いません。新入社員なら余計にそうです。

私たちが何気なくかけている電話にしても、挨拶にしても、発言にしても、お茶出しにしても、新入社員にとってはすべてがはじめてのことばかりなのです。そのために無愛想になったり、黙り込んでしまったり、ミスをしたりして先輩の皆さんに嫌な目でみられます。それがとても気になるものです。

ですから先輩の皆さんは、自分が新人だった頃を思い出して、不安な心を理解してやる気持ちで新入社員に接してあげることが最も大事です。それとできるだけ明るいイメージで新入社員を見てやることです。

会社や仲間のために働くことが自分のためにもなり、自らに返ってくるものということをわからせることです。そういうことを率先して行動に起こすことをあたり前にやる先輩を見ていると、新入社員の目に映るものは輝く先輩の姿なのです。

先輩の皆さんも新入社員の皆さんも一緒に頑張りましょう。「最後はみな己のためです」。

38

誰でも持っている「得意分野」を見つけさせる

私は昨年（1988年）暮れから今年にかけて、骨粗鬆症という持病が起こり、随分と苦しい思いをしましたが、床に臥《ふ》せっているなかで何よりも励まされたのが、社員の皆さんの心温まる慰めの手紙でした。私は根っからの仕事好きですから、仕事から離れることが何よりも寂しいので、病気をするごとに「仕事を持つ」「仕事ができる」ということがどんなに幸せなことなのかを思い知らされます。

今回は、皆さんに「仕事を持つ素晴らしさ」についてお話ししたいと思います。

皆さんのなかで、仕事を持つ素晴らしさについてわかって働いている人は少ないと思います。つまり仕事が好きだとか嫌いだとかは抜きにして、与えられた仕事だからと思って働いているのだと思います。遊びのように気が向いたときだけやるとか、たまにやるものならともかく仕事は毎日のことです。自分の好きな仕事だけというわけにもいきません。

嫌な仕事も不得意なことも、上司から指示されればやらないわけにはいかないのです。

会社が賃金を支払うのは嫌なこともやってもらわなければならないからです。おそらく、何らかの代償がなければほとんどの人は働かないでしょう。

こう考えますと、人間のほとんどは仕事が好きでないということになるのだと思います。だからこそ私は愛情が必要だと思うのです。

仕事は嫌いでも、愛する家族のために一所懸命に働いている人が大勢います。心から可愛がってくれる上役《うわやく》のためなら、と喜んで働く人も少なくありません。

戦争のときに、兵士が自分の命をかけて闘ったのも、戦争が好きだからでも、お金が欲しいからでもありません。祖国を愛する心や、愛する人びとを守ろうという使命感があったからです。これは会社でも同じです。

一緒に働く人たちに対する同士愛やお客さまを愛する心が、仕事を愛し会社を愛する心に発展していくのです。つまり、お互いの愛こそが人びとを生き生きさせ、会社を成長させるエネルギーとなるのです。ほとんどの人はもっと他人から愛されたいと思っていますし、また、自分もそうしたいと思っています。ですから、社長（現・川野幸夫会長）や私もまず社員の皆さんを愛することに努め、社員の皆さんからも社長や会社を愛してもらうよう常に願っているのです。

しかし会社経営には、非情な部分を完全に避けて通れないこともあります。つまり、あまりに家族主義的な経営になりますと、社内に甘えの構造ができてしまって会社全体がダメになってしまうのです。

こう考えてみますと、本物の愛というのはむしろ相手に対して厳しく教え導くということではないでしょうか。

この頃は会社でもお休みが多くなり、よく学び、よく遊ぶという方向になってきました。スポーツをする、ゲームをする、音楽を聴く、遊びにもいろいろありますが、それがみな楽しいかというとそうでもないと思うのです。遊びだって仕事だって身を入れてやらないと楽しくないし、どうせやるのなら他の人より上手になるとか、勝つことをめざさなければ夢中になれないと思います。

今は小さいときから水泳とかバレエとか音楽を習わせます。孫たちを見ていましても、全部が楽しいわけではなく、いやいやお稽古をしているときもあります。途中でお稽古を止めると言いだして、母親に叱られて泣いていることもあります。しかし、だんだん上達してくると、お稽古も自分からやるようになっていきます。小さい頃から何のお稽古でも続けさせるということが、自己統制力をつけさせる基本なのです。

そういう点から見ると、子供の甘えに妥協しない母親に敬意を表します。

仕事も好きになるためには、その仕事のなかに得意な部分がなければならないと思います。そしてその得意な部分を身につけるには、目標を持って自己統制をする期間が必要だと思います。

会社でも、新人は1、2年の間は半強制的にでも、みっちり仕込んで良い習慣を身につけさせ、規律などもキチンと守らせて自己統制ができる人間になるよう指導しているわけですが、それもあくまで楽しんで仕事に取り組めるといった人間づくりなのです。自己統制で大事なことは、毎日やると決めたことを、気分が落ち込んだときにも崩さずにやり続けるということです。

よく聞くことですが、上司がいつまでも部下を強制的に仕事に追い込もうとするので、やりきれないという不満ですが、それをやっている限り、部下は仕事を好むようにならないと思います。

目標を与え思い切って任せて自己統制をさせることが大切です。自己統制には責任もかかってきますが、自由があります。人間は周りからあまりうるさく言われず、責任も自由もあるという生き方を好むものです。

皆さんが仕事を好きになるためには、会社の仕事に誇りを持って組織の一員だという心構えが大事です。

今の若い人たちは、うらやましいほど新しい知識を持っています。若いということは素晴らしいことです。心構え次第で、何事にも挑戦できます。可能性を信じて周囲の人たちと仲良く、いろいろ工夫していくことによって仕事が好きになります。仕事ができる幸せを、噛みしめてください。

第4章◉自分の能力を高めるために覚えておきたい言葉

39

「幸せになりたい」と思ったら感謝の気持ちを持とう

毎朝、出勤時に川野興商（註／当時のヤオコーのグループ会社でガソリンスタンドを経営。現在は営業していない）の男女社員が、「おはようございます」と明るく挨拶しながら駆け足で働いているのを見ると、「何と感じがいいのだろう」とこちらのほうも朝からとても良い気持ちになります。

「挨拶がよくできる」「お客さまに親切だ」「とても明るい」などと、多くのお客さまから評判の良いのもうなずけます。生鮮センターでも階段などですれ違う社員から明るい声で挨拶されますと、心温まる思いで思わず胸のネームを見ます。

しかし当人たちはごくあたり前のこと、普通のことをやっているつもりで頑張っていると思うのですが、お客さまや私たちが、こうした若者たちに目を留めるのも、今の社会では忘れがちの光景になってきたからではないでしょうか。

以前ですが、電車のなかで若い人が座っていて、お年寄りに席を譲った光景を見て、目頭を熱くしたこともあります。

また、あるとき、それとはまったく反対に、若者が椅子にゆったり腰をおろして席を広くとり、もっときちんとしたらお年寄りが一人くらい座れるのに、〝知らん顔の半兵衛〟を決めこんでおり、たまたま上司らしい人が近づいてくると、「どうぞ」と早速席を譲るという光景を目のあたりにしたとき、お年寄りは大事にしないが、上司の機嫌をとることは知っているという狡猾《こうかつ》さに、私は何かがどこかで狂ってきているのではないか、と考えざるを得ませんでした。知っていること、あたり前のことが実行できる人になりたいものです。

会社に入って、大きな歯車の一つになったと考えている人、それに抵抗感を抱いている人、個性を生かしたいと思っている人、いろいろな人がいると思います。「今の仕事は慣れてきて、もうできる、別の仕事をやらせてもらいたい」と言っている人もいます。

しかし、その人の仕事ぶりを見ると、まだまだ安心できる水準には至っていない、つまり上司に言われた手順で、右から左にとやっているだけのように思う、と上司は言うのです。ミスを注意すると自分は一所懸命にやっているのに、と上司を恨んだりする社員もいます。

仕事の目的や、会社のどことどこに関係があるのかもわかろうとする努力もしないで、ただ指示されたとおり一所懸命にやっているのに、上司や会社は認めてくれないと言う人もいます。

何でもかんでも人のせいにしないと気がすまない人がいますが、それではいつになっても充実した仕事はできないと思います。仕事に身が入らない、ということは、裏返せば毎日が楽しくない、つまり不幸な人と言えるのです。

社会にどのように貢献して利益を上げようとしているのか、会社のなかで自分の存在価値（役に立つこと）をどのように発揮したらよいのか、などをよく知ったうえで、自分なりの努力・工夫をしていくことによって、他の人と違った個性が発揮できるのではないかと思います。

今、会社では、それぞれの立場にふさわしい貢献を望んでいるのです。皆さんの幸せ感についても、百人百様だと思いますが、それで良いのだと思います。

おいしいなと思って食べるご馳走も、たまに食べるからおいしいので、毎日食べていれば満足できなくなります。立派な家に住んでも、ずっと住んでいればだんだんありがたさがなくなってきます。

ぜいたくというものは、求めだせばきりがなく、そしてぜいたくができるから幸せかというと、そうでもありません。１００万円の収入の人が、10万円の収入の人より10倍幸せかというと必ずしもそうとは言えません。もちろん、財産がなければ親孝行も周りの人たちとのお付き合いもできませんから、財産も必要ですが、しかしそれがすべてではないということです。

まず考え方の問題ではないでしょうか。幸せになろうと思ったら、まず感謝の気持ちを持つことです。

私がいつも感じますことは、同じことをしてもらっても喜ぶ人が少なくて、あたり前だと思う人が多いことです。いや、喜ばないどころか不平を言う人が多いのです。

では、どちらが幸せかといいますと、感謝できる人のほうが幸せなのですし、また、そこからお互いの心が通い合えるのだと思います。残念なことに、今の人たちはこの感謝の気持ちに欠けています。はたから見て、「恵まれている」「満足しているだろう」「喜んでいるはずだろう」と思うことでも、実際のところは本人は不平不満に明けくれているのです。

こういう人たちは、どんな良い境遇になっても、幸せ感は生まれてこないのではないでしょうか。会社のなかでいくら優秀な人材でも、周りの人たちと協力できなかったら、その人は幸せを味わえないと思います。

大人になって、責任のある立場に立てば、自分のことばかりでなく、他人のためにも力を尽くすことが、人間としての当然の務めなのです。しかし、そう思いながらもなかなか思うにまかせません。自分に自信が持てなかったり、自分本意なふるまいをしたくなります。でもそれではいつまでたっても、真の大人にはなれません。自らの成長・向上を図りながら、同時に他の成長の力にもなっていく、そこにこそ人間としての光るものができてくるのではないでしょうか。

40

「自分なり」に頑張っただけでは評価されない

私のところに一通の手紙が届きました。ずっと以前当社に勤めてくれていた人からです。時折そういう人たちのことが心配になる私ですので、急いで封を切って読みました。おそらく一所懸命に書いたのだと思うのですが、その文章の中身は怒りと悲しみと、そして諦めを感じさせるものでした。

当社を辞めた後に約5年間勤めた会社を辞めたと書いてありました。その理由は配属替えですが、「すべて人事が決定するので頭にくる」と言うのです。

会社の決めた評価基準がとても高くて無理な目標なのに、それに達しない者は辞めてもかまわないという態度で、目標を達成できない者は居心地が悪くなる実情だということでした。

「入社以来社内に敵をつくらない、言われたことはきちんとやってきたわが身が情けない。

一所懸命やったのに、なぜこんな結果になるのだろう……」などといろいろ書いてありました。

手紙を読み終えた私の心は同情が半分、やるせなさが半分といった妙な気持ちになりました。そして、その人は本当にビジネスマンとしてしっかりと道を歩んできたのだろうかとも思いました。

実はその人が当社に勤めていた頃によく耳にしたことですが、「仕事なんてのは人それぞれのやり方があるんだ、俺は俺のやり方でいくんだ」とか「俺ほどの人間を評価しないとは」などと言って上司を恨んだり、自分だけを高く評価していたようですが、今でもそれが正当だと思っているのかもしれないという疑問も頭をよぎりました。

ビジネスマンとして最も大切な物差しを抜きにしていたのでは、結果は悲劇になってしまうのではないでしょうか。手紙をくれたその人も含めて、誰もが自分なりに頑張っているつもりでも、必ずしも自分が思ったとおりの評価はもらえないと思うのです。

今や激変の時代です。人も企業もシビアにその存在を問われます。「世の中のさまざまなニーズに対し、私たちの立場でその必要性を満たしてお客さまに満足をしていただくことでその対価をいただく」。これが企業活動の根本的なもの、普遍的なものです。

つまり、現在の厳しい時代環境とは「お客さまが真に必要とする仕事、代金を支払うのに値する仕事をしてくれる人や企業が尊重される時代環境」なのです。

したがって会社はもちろんのこと、各個人が「お客さまは何に代金を支払うのか」「自分のしていることは本当にお客さまが代金を支払って得ようとしていることなのか」ということを、常に仕事の物差しの中核に置くことが必要なのです。一言で言うと「お客さまに向かって仕事をする」ということです。

もともと「お客さまに向かって仕事をする」ということは、時代を問わず最も大切な物差しであるはずなのですが、好景気が続いたせいか「お客さまが代金を支払う」ということをあたり前のこととしてしまい、知らず知らずのうちに社内の人間関係や決め事、自分の価値観などにばかり目が向くようになってしまったのではないでしょうか。

私が思うには、手紙をくれたその人も常に自分の今の仕事とお客さまとの関連をしっかり見つめて自らを成長させてきたならば、多くの部署を経験できたことで「お客さまは何を求めているのか」ということを総合的に判断できる人材として認められていたのではないかと思うのです。

私は自分の返事の重大さをひしひしと感じました。どうしてかというと、その人にとってあまりありがたいアドバイスにならないと思うからです。気持ちはよくわかるのですが、私が言いたいことはもっとお客さまのほう、つまり外に向いて仕事をすることの大切さをわかってもらいたかったのです。

人間は誰でも自然の欲求として、自分の運命は自分の手に握っていたいものです。当然その人も自分の思うように仕事をしたいのでしょう。しかし、責任を果たさない人間に会社を批判する資格はありません。組織のなかでいつも認められるということは、責任を果たすこと以外にないのです。どうもその人は責任の本質を誤って解釈して、不満のタネをつくっていたのではないかと思うのです。

どこの企業も厳しさそのものだと思います。この厳しい状況のなかで生き残っていくただ一つの道は「お客さまに新たな大きなお役立ちを図って、より多くのお客さまを創造し続ける」ことなのです。

成長する組織というのは、社員の一人ひとりがその実力を発揮し、活躍し、組織としてお役立ちを図っていくことなのです。

お互いにとって大変厳しい時代になりました。自分自身で不満のタネをつくることは自分にとってマイナスです。

「お客さまに向かって仕事をする」。この物差しを間違わぬよう頑張りましょう。

41

プロになりたいなら仕事を「天命」として受け止める

先日、新聞記事に「今一番欲しいものは?」というアンケートがありました。男性の2位、女性の堂々1位が「パソコン」でした(2000年当時)。そこから読み取れることは、インターネットが家庭も含めて身近なものになりつつあるということです。インターネットによる販売も結構人気があるようです。買う側からすると「リスク」を背負う形になりますが、メリットとして「中抜き」と言ってムダなコストがかからず、直接売買によってコストが浮くようです。

先日ご懇意のお宅にワインを差しあげたところ、おいしかったので次はインターネットで直に生産者に注文して買ったと言っていました。自分で操作すれば自宅に居ながらにして手に入るわけです。「会長さんにお願いしては申しわけないから」ということでしたが、私は驚きました。あちらさまは、気をつかわずに買えて精神的メリットがあるのかもしれません。

こんな時代の流れのなかで、小売業というお客さまにご来店いただいて販売する販売員という存在の意味が、再度問われてきたのではないでしょうか。もちろん、われわれ商人も新しい商法を積極的に取り入れたり、新店をオープンしたり全力を挙げて努力するわけですが、どうしても売り手がいなくてはできない仕事です。

しかし、お客さまの立場から考えて、本当に必要な売り手は果たしてどのくらいいるのでしょうか？

先日お客さまから「お宅の社員は知識不足、情報不足だ。上からの指示なのか、何も考えず売ることだけに終始していて、とても気分が悪い」とご注意を受けました。私はそのとき、社員の皆さんがお客さまに喜んでいただけるようにと、どのように苦労しているかをわかってもらおうとしました。しかし「ちょっと待て」と思いました。ここで嫌われたら、このお客さまからのクチコミで多くのお客さまを失うことになると直感しました。

私が思いきり素直な気持ちで「私どもの教育姿勢に問題があるのかもしれません」と申しあげたら、すぐに機嫌を良くしてくださって「商売も大変ですね」と言ってくれました。「負けるが勝ち」と心のなかでつぶやきました。きっとこのお客さまも明日からまた、同じように当店にご来店くださると信じています。

私もこの仕事を選択して早60年になります。好景気、不景気をはじめ、さまざまな市場の変化も体で感じてきました。市場がどんどん拡大しているときには、新規開拓も面白いようにうまくいくということを経験し、これも自分の実力のうちだなんて自信を持ったこともありました。

また、仕事でお客さまに喜んでいただくと、商品を売ることがイコールお役立ちだと思うようになりました。同時に仕事自体が面白くなって、行動量も増え、業績もどんどん上がりました。このまま、当社は絶対に発展できるなどと、その当時は将来に対して不安を抱くことなど微塵《みじん》もありませんでした。

しかし、時代とともに信じきっていた自分の仕事に対する考え方も、変わらざるを得なくなりました。ときには自分のやっていることに自信がなくなったりすると、しまいには「どこでも皆同じなのだから仕方ないさ」なんて自分で自分を正当化する方向に心が逃げて行ったりしました。自分では認めたくない現実であっても、事実として数字で苦戦していると、つい周りを見る目が必要以上に厳しくなって「もっとこうしなさい」とか、「ああしなさい」とか難しい指示を周りに言いたくなります。

今、私の昔を考えるとき、皆さんが現在同じ悩みに苦しんでいるのではないかと案じています。

「営業マンは数字が人格」と言われますが、まさにそのとおりだと今更ながら痛感しています。

近くに賑やかに開店したコンビニエンスストアが何カ月かで閉店しました。皆、何でだろうと不思議がっていますが、商売は周りの皆さんが考えるほど簡単な仕事ではありません。われわれの店も同じで、毎日店を開けお客さまのご要望に応じて商品を売り、その利益で生計を立てると考えがちですが、実はそこに奉仕という大切な役目があるのです。商売ならこう、奉仕ならこうといった区別などあるものではないのです。

商人というのは、需要と供給の仲立ちをする流通機関であって、その役割を果たすことにより、生産者とお客さまから報酬をいただくことなのです。皆さんの多くが自分の仕事は生計を立てるための手段と考えがちですが、そう考えているうちは飛躍も発展も期待できないと思います。そこには惰性で繰り返されている商売はあっても、奉仕という心が表現されるような裏づけは見出せないからです。

以前、当社のガソリンスタンド（かつてのグループ会社・川野通商を通じて経営）をよく利用してくださった会社の社長さんが、「会長と話をしたい」と突然お見えになりました。いろいろお話を聞いているうちに、私の予想が当たりました。結論として、社長以下、給料の取りすぎなのです。社長は「これだけ給料をもらわなければ人並みの生活ができない」と言うわけです。社長がそれだけもらえば、社員にもそれ相当の給料をあげるのが当然です。業績のバランスも考えず、ただ自分たちのことだけを考えていたのでは経営は成り立ちません。私はこの方にはどんな助言も役に立たないと思いました。

私が今まで見ていても、受注すると仕事は社員まかせで、ほとんどはゴルフや競艇に熱中していたようでした。苦しくなってから、この厳しい経済環境のなかでどう変革したら経営が楽になるだろうか、と悩みを打ち明けられても、もうここに至っては、私としても良き相談相手になれる力量を持ち合わせていないと言うよりほかありません。思いますのに、この経営者のように、社会的視野の狭さが多くの経営者に共通した欠陥と言えるのかもしれません。

つまり、自分の人生にとって一番大切な「自分への正しい投資」を怠っているのです。

将来の担い手である若い人たちの家庭や校内での暴力をはじめ、さまざまな非行や犯罪が日増しに多くなり恐ろしい限りです。その原因はいろいろあるのでしょうが、一つだけ確かに言えることは、子供たちは大人の社会を映す鏡であるということです。私は非行少年の話を聞くたびに、その親のことを思わずにはいられません。

その親の育て方に問題があるのではないかと思うのです。人間として大事なことを教えられずに育った若者たちは、自らの人生を律する尺度を持たないから、親を泣かせ社会を混迷に陥れてしまうのだと思います。

人は親や先生、先輩や上司から直接・間接に教えを受けて成長します。そして、一人前の大人になれば今度は自分が親として子供を育て、後輩の指導にあたるのですが、その営みが適切に重ねられてこそ社会の健全な発展が可能になるのだと思います。皆さんも親として先輩として伝えるべき何かをしっかり持って、自分なりの方法で子供さんや後輩たちに伝えようとしているでしょうか。そんな反省と実践が皆さんの務めとして社会から強く求められていると思うのです。

尊敬されるようになるには、新聞や書物を読んで新しい知識を得ることも大切ですし、パソコンで情報化に対処することや、通信教育で外国語を習得するなど勉強方法はいろいろあると思いますが、これらの自分への投資が将来の仕事や人生を左右する大事な要因になることは間違いないと思います。

野球でもテニスでもゴルフでも、一流の選手はもちろん才能もあるでしょうが、それに血と汗の努力が加わっているのがよくわかります。そして、その人たちは更にその上をめざして止まないのです。本人たちは、これは理屈ではなく自分に与えられた天命なのだと言っています。そのために毎日の厳しい鍛錬にも挑戦していると言います。まことに立派で頭が下がります。

私たちの本業（天命と言うべきでしょう）は小売業ですが、皆さんの仕事に対する考え方はどうでしょうか。私たちもこの仕事が本業である限り、その道のプロとして、日々ご来店くださるお客さまにご満足いただける実力を高める真摯な努力が今、更に強く求められているのです。自分の仕事や人生をどうしていくのか、将来の構想をしっかり決めて「自分への投資」を生かしていくことが大切だと思います。

42

全力を尽くしていれば おのずと自分の価値は高まる

私は朝出社すると、まず会う社員の挨拶を注意深く聞いています。社員の挨拶は毎日同じというわけではありません。

いつもファイトのある声で挨拶するのに、今朝は変わっているから何かあったのかな、と心配になります。幹部たちがこういうことに気がつくかな、と思ったりします。

私が一番気になるのは幹部たちが、会社の目標を部下たちに言い続けているのだろうか、ということです。部下たちがそれに向かって実行できるまで言い続けてやらないと、部下はただ働けばよいと思ってムダな動きもしてしまいます。

幹部は部下に正しいことをきちっと伝えられる人間でなくてはなりません。よく幹部たちが「注意をすると辞めてしまうので」と言いますが、これでは幹部も部下も失格です。心配ばかりしていては物事は成り立ちません。

当社にはまだ「約束事を守らない」「時間を守らない」社員がいるようですが、やはり正しいことをわかるまで言い続けない幹部の責任だと思います。

いつも申しますように、人間は自分一人では生きていけません。幹部は部下たちに感謝する、感謝したら今度は自分がその人たちに報いる、これが協力し合う秘訣です。

小川ＳＣ店の社員に横山さんという女性がおります。主に店内外の清掃をやってくれていますが、実に素晴らしい働きぶりです。

夏の炎天下でも手拭いをほっかむりして、真っ赤な顔で駐車場の清掃をしています。先日ご近所の方に呼びとめられお叱りかと思いましたら、横山さんのことでした。「なりふりかまわず、陰日向なく、近所のほうまで掃いてくれる」というお誉めの言葉でした。本当に嬉しいことです。

嫌な仕事を積極的に引き受けてくれて、しかも全力で頑張ってくれている。その姿を見ますと深く頭の下がる思いです。

最近一緒に働いてくれている方も同じように良くやってくれています。きっと各店にもこのように陰の力になっている社員がたくさんいてくれると思いますが、一所懸命に努力している社員は高く評価される会社でなくてはなりません。

アメリカの鉄鋼王カーネギーの話は忘れられません。

ペンシルバニアの駅員をしていたとき、汽車が来ない時間に仲間はムダ話をして遊んでいましたが、カーネギーはそんな過ごし方ではもったいないと思いプラットホームを丹念に掃除しました。毎日のことなのでその駅はきれいになり評判になって、ある時、会社の偉い人がカーネギーから時間の過ごし方と仕事の仕方を聞き感心して、こんな人物ならもっと大きな仕事を任せてもこなせると考えて、要職に就かせたことが出世のはじまりなのだそうです。

ある朝カーネギーが出社すると、ひっきりなしに電話のベルが鳴っているのに、係でない人たちは自分の仕事ではないと知らん顔をしていたそうです。カーネギーは急いで受信してメモをし、丁寧に「今はちょっとたて混んでおりますので、できるだけ早くご返事を致します」と挨拶をしたそうです。このことを社長が知り、またまた重要な役に取り立てられたということですが、とにかく、何事にも情熱を燃やして精一杯に頑張ったからこそ注目されたのでしょう。

成功には何のトリックもいらないのですね。どんな仕事にでもまず全力を尽くすことだと思います。私も経営者として、与えられた仕事に精一杯に打ち込んでいる社員を見逃さないように心がけています。「天知る、地知る」と言いますように、ひとりでに周りから選ばれて自分の価値が高まっていくのではないでしょうか。

43

誰でも同じだけの「時間」を持っている

最近、当社においても躾のできない幹部を見かけます。すると部下たちにもおのずとけじめがなくなって士気が低下していきます。

先日、私が通院している病院の待合所で、若い母親が大きな声で子供を叱っていました。私の判断では母親の躾が悪いのです。家庭や学校で当然躾けられていなければならない人間としての基本的なことや、常識的なことがきちんと教えられていないため、その分、私たち企業が大変なのだと思いました。

自分の子供が悪いことをしても平気でいる親、部下を叱れない幹部、乱暴な言葉づかい、けじめがなく礼儀を知らない若い人たち、何が大事かではなく自分の欲望と私利私欲で動く政治家、いろいろなかたちで今日本は多くの国から非難され、日本にはもうモラルなどないと悪口雑言《あっこうぞうごん》を言われ、まことに寂しい限りです。

戦後日本は、奇跡的な経済発展をなしとげました。その結果、私たちの生活は確かに豊かになりました。しかし、物質的な豊かさを追い求めるあまり、人間として最も大切な何かが日本人の心から忘れ去られようとしているような気がします。

今や世界をリードする立場にある日本が、将来に向けて「日本はどうあるべきなのか」「われわれ企業はどうあるべきなのか」を考えるとき、企業として基本的な躾の意義を強く持たない企業は繁栄できないのではないかと確信いたします。

「私は一人で生きている、誰にも余計なことは言われたくない」という人には、躾という言葉など通用しないと思います。私はこの頃はできるだけ「昔は……」なんていう言葉は使わないように心がけています。私たち年輩者は、若い皆さんにこうあってほしいという期待を自分の体験から話して聞かせようと思うのですが、そんなことを体験してない今の若い人たちが聞いてもピンとこないし、今と昔とでは仕事をする時代的な背景・環境が違うのですから、昔のことなど持ち出されるとかえって迷惑のようです。でも私は心のなかでは、古いことをたずねることが新しいことを知ることにつながるのだと思っています。

私たちは太陽なしでは生きていけません。ところが現実的な生活の場面からは、ともするとあたり前の視点であるはずの人を取り巻く条件が見失われて、あたかも自分は一人で生きられるというような錯覚に陥ってしまうのです。

何年か前ですが、ごく親しく交際していた方が、医師から「ガン」だと宣告されたと、あたかも明日にでも命がないように深刻な顔で私に「もうダメです」と言いました。この方に限らず、誰でも人は必ず死ぬときが来るのです。

「人間の命は有限」ということは、どんな人にとっても絶対なのです。

でも私も突然言われ、どう慰めてよいのやら戸惑いました。私だってもしその方の立場だったら同じことを言うと思います。お互いにとって恐ろしい場面でした。私は度胸を決め平然と言いました。「人間はいつか一度は死ぬので、それが早いか遅いかだけのことだから、それがわかったとしたらこれから生きられる日々をどう大事に生きようか、と、〝開きなおり人生〟でいくほうがかえって気楽に生きられると思いますよ」と言った私のほうが額に玉の汗で泣く思いでした。

ところがその方が幸いに現在もお元気で仕事に励んでおられて、「あのときの会長の迫力ある説得には思わず圧倒されました。『死ぬ気でいれば何も怖くない』という強気が病気に勝って、今でもこのように張り切って仕事をしています」と、とても喜んでおられ感謝の気持ちが体いっぱいに感じられて、あのときに思わず言いすぎてしまったと思っていた後悔も、良かったという気持ちに変わり、いろいろな話に花が咲く思いでした。

つまるところ、人間は命に限りがあるのですから、生きているうちにその命をどう使うかということが大切になるのではないでしょうか。

人生は「いろいろ」ですから、それこそ何にどのように生命を使おうがその人の勝手なわけですが、その生命の使い方がその人の人生を決めることも事実です。そして、それがその人らしさをはっきり決めることにもなるのだと思います。

誰にとっても1日は24時間しかありませんし、働く時間もほぼ同じです。しかし、一人ひとりが仕事にどう取り組むかによって毎日の充実感は天と地ほどの違いになるのです。「生き甲斐」のある人生にしたいとは誰もが考えることです。「生き甲斐」を感じ続けるためには、自分の生命を何かにぶつけて燃焼し尽くす、いつも自分らしく生きること、自分らしい生命の使い方をすることです。そのためには賭ける対象が必要になるし、何よりも常に満足を得るために自分自身を常に成長させ続けることが大切なのです。

自分を粗末にされたくない、一人の人間としてきちんと認めてもらいたい、と考えるのはあたり前のことです。ですが……、これも自然の理なのですが、組織のなかで、つまり多くの人のなかで、いかに大きく役立つかを考えない人はいつか孤立し、人の輪から外れていきます。

組織のなかに入ってくる人は、一人で生きるよりも組織に入ったほうが自分の長所が生かせる、そのほうがより自分らしい生命の使い方ができる、と考えるから組織を選ぶのだと思います。そしてその考え方が正しいのです。

組織化の本当の目的は、「凡人に非凡なことをさせる」。つまり、一人ではできないことを皆と力を合わせてやらせるということを目的としているのです。

組織には、組織としての共通目標があるわけですから、この共通目標を達成し続けないと組織を維持していけなくなります。言うならば、当社でも利益を出し続けなければ自由競争を原則とする社会のなかでは存続できなくなるのです。

ですから、私たちが皆さんにうるさく言うのは、組織のなかで生きる皆さんなのだから、組織の共通目標を達成するために、成果で応える覚悟がないと組織のなかで自分の存在を認めてもらえないということです。

そのためにも皆さん自身が、他人のことよりも自分のことに気づいて行動に移すことが大切だと思うのです。

「挨拶をする」「周りの人たちと良い付き合いができる」「感謝する」。このような自然の理にそった基本の躾こそ、生き生きした言動につながるのではないでしょうか。

44

自分が成長しなければ会社も成長しない

この頃、心ならずも袂《たもと》を分かった方がたと懐かしく話し合う機会が多くなりました。その方たちがよく言いますことは、会長に「頑張ることは自分のため」とか「働くことが自分の成長につながるのです」と肩を叩かれたとき、「自分たちを働かせる口実なんだ」と思ったそうです。しかし、その後、辛いことがあると不思議にそのことを思い出すのだそうです。

今までに会社を去っていった方たちのなかには、有能で仕事のできた人が多かったと思いますが、社会の変化に対応して会社も大きく変化していきますと、どうしても一人ひとりの能力の発揮を求められるわけです。ところが、社員のなかには何か勘違いをして、自分からもうできないと思ったりしてやる気を失ったり、失敗したことを苦にして挫折してしまう方もいるのです。

会社を去っていった方たちもそういうことが多分にあったと思うのですが、在社時はそれぞれの立場で大いに会社に貢献してくれておりましたので、今でも感謝しております。また、その方たちも当社の良いところを身につけ、どちらかの会社でそのことを生かし役立てていると思っていますが、大切なことはどんな会社に勤めても人間として通用する人であってほしいということです。

会社だけでなく一般社会、すなわち私たちが生きてゆく人生そのものに不適応現象を起こしてしまい、人生の敗残者となると、その人は不幸な人生を送ることになるのだと思います。

当社の皆さんたちも、袂を分かった方たちも、お互いに「縁」を大事にし「感謝」の気持ちを持って仲良く知恵を分かちあうことが、お互いに幸せに生きることだと思います。

皆さんもご承知のように企業は環境適応業ですし、社会は単に変化しているだけではなく進歩し、発展し、成長し続けているのです。だから私たち企業も、常に脱皮し、成長し、発展していかないと生き残れません。

そして、企業は個人個人の社員に支えられているわけですから、企業の成長は結局一人ひとりの社員の成長によって決まるのです。だから成長なくしては幸せもないのです。

よく人生はマラソン競走だといい、障害物競走だといい、二人三脚だといいますが、それはつまり、一には自己規制力、二には問題解決力、三には他人と協調できる能力、この3つが人生を幸せに生きるための欠かせない能力なのです。しかも、この3つの能力は企業という組織の激しい競争のなかで真剣に仕事に取り組む、高い目標を達成しようと努力する姿勢のなかでしか身につきません。

会社で懸命に仕事に取り組むことが、自分たちが幸せに生きるための能力を磨き、成長するための不可欠の条件なのです。

他人のことをとやかく言っても何も自分のプラスにはなりません。周りの人たちと仲良く、明るく、生き生きと働くことが自分にとってプラスであり、つまり幸せに生きるための道なのです。

45

へたでもみっともなくても毎日やり続ければ能力になる

先日、町内の中年男女の一群にお会いしました。小川SC店にご来店いただくお客さまもおられ、たまたま私も同じ方向に行きますので、ご挨拶をして一緒に歩きはじめました。するとともなしに2、3人の方のお話が耳に入りました。「『私は勝ち負けにこだわるのが嫌いだ』と言って、わざと三振したりボールを落としたりするのは、相手のチームに好きな人がいるから点かせぎなのだ」と一人は言い、監督らしい人は「今度の試合には出てもらわないようにしよう」と言い、知らないのは本人ばかりで、周りの人たちの間では、試合直後からもうその人の手抜きが問題になっているのです。

このように遊戯であっても、組織の一員として迎えられたからには、組織の目的に貢献しなければなりません。これが唯一絶対の共通価値観であることを忘れると、全体的に価値のない人間にされてしまいます。

組織も人間も完全無欠ではありません。お互いに矛盾をはらみ弱点や欠点をさらけ出すものです。そして、人は皆その矛盾を指摘し欠点をあげつらうことで己れが満足したがるものです。私はこういう状況を実感するごとに心寂しい思いがします。

赤ちゃんを見ているとお腹がすくと泣き、おしめが濡れると泣き、暑いと泣き、寒いと泣きます。反対に心地良い状態のときは、とてもおとなしくご機嫌が良いものです。

この赤ちゃんの姿が人間の原型ですから、成人しても誰も心地良いものが好きなのです。自分の努力や我慢を前面に押し出して、他の矛盾を指摘し欠点を挙げつらねてみても、多くの人たちの共感を呼び見返りを大きくすることは難しいことです。

太陽はすべてを照らし、誰にでもわけへだてなく光を与えてくれます。しかし見返りは要求しません。でも太陽を求めて人は集まり野山に出かけるのです。同じように役立ちを大きくしていくと、その人の周りに人やものが集まり明るく健康な関係が生まれます。

「人間の精神は絶えず発達する」と言われますが、これも大切な自然の理だと思います。精神が発達し続けるということは、いつも何かに向かっているということで、成長し続けているということです。ですから、いつも刺激を与え、目標を与え、期待をかけ、認め続けると精神は高度なものを求めて成長し続けます。

私たちはともすると自分を振り返ることを忘れます。しかし、幼い頃と比較すると、心も体も随分と大きくなったと思いませんか。人間に何の刺激も与えないで放っておくと、90パーセント以上の人がマイナスの暗示、否定的な考えに陥っていくという統計が出ています。

もし、人が本気になって自分の可能性を信じ、そうなりたいと願って小さいことでもやり続ける行動の習慣を自分のものにすることができたなら、生命ある間にいったいどんなことができるかと思うと、わくわくしてくるのではないでしょうか。

人はなぜ「だめだ」「無理だ」「自分にはできない」と思うのでしょうか。人間の精神は絶えず成長し続ける性向を持っており、いつも未知の自分との出会いを期待しているのです。現に、私も女であるのにあえてこのことに挑戦し「何でもやればできるのだ」という素晴らしいことを体験できたのです。

確かに人間の使われない能力は磨かれないと思います。よく考えてみてください。自分の苦手だと思うこと、無理だと思うことはほとんどやろうとしないのではないでしょうか。

それは、自分に対する期待が高かったり、みっともない自分を自分で認めるのが嫌だったり、最初から自分の現状を考えてあきらめてしまうといった行動するエネルギーを放棄してしまう考えをいつのまにか自分の内にしっかりと植えつけてしまっているのです。

反対に得意なこと、好きなこと、人より優れていると自分で思っている能力はよく使っているのです。現実をよく分析すると道は拓けます。簡単なのです。毎日やることを、へたでもみっともなくてもよいからやり続ければ、そのことが自分の能力になるのです。

どんな人でも生きていくのに困らない程度の、実に複雑で多様な生活様式に対応できる能力を身につけています。なぜ自分は能力がないと決めつけて欲求不満のままに自分を置くのでしょうか。自分の可能性に挑戦し、自分のなかにある能力を引き出し、自分なりに生きることが人生ではないでしょうか。

「人生の早い時期に願望を実現する行動習慣を身につける」かどうかが人の生き方を決定していくのだと思います。だから「決めた」「やった」「できた」というプロセスをしっかり身につけることがとても大切なのです。

私たちは、昔をよく思い出します。しかし、過去を変えることはできません。だから私たちの過去は、今の私たちの心のなかにあるだけです。未来もそういう意味では同じです。誰でも未来のことを今手にすることはできません。今を生きるということは、過去を省みて今に生かし未来に大きな夢を持って目標をつくる、そしてそれを今行っていくことです。

今を生きるということは確実に一歩一歩と踏み出していくことなのです。だからどう行動する習慣づくりをするかが肝心なのです。自分を今に集中し、今をしっかり生きる。今にすべてのエネルギーを投入できる人が見事な人生を生き抜く人だと思います。今、イキイキと仕事に取り組んでいる人は、見ていても一緒に働いていても心が明るくなります。そして多くの人たちも自然と協力をするようになります。

では、どう今をイキイキと生きようか。心が沈んでいるときは、頭ではっきりわかっていても行動できないものです。「どうして自分だけがこんな目に遭うのか」「どうして自分だけがこういうふうに運に見放されるのか」と悪いことばかりに目が向くものです。そんなとき本当に自分は運が悪く不遇なだけなのでしょうか。食事はきちんとできる、周りに人がいる、現に自分は生きている、太陽が自分にも光り輝いてくれる、こういうことを認めることです。

自分の力だけでなく、多くの力のお陰で生きている自分に気がつくと「感謝」の心が生まれます。感謝の心は自分のなかに幸せの灯火《ともしび》を灯してくれます。

「自然の理」というのは誰にもくつがえすことができないのです。自然の理のなかでできることをまず自覚し、理にそった行動を一つひとつ自分のものにする行動習慣をつくり、幸せになることこそが大切です。

社長（現・川野幸夫会長）も私も、皆さんと一緒にこのように会社を大きくしてきたことを心から感謝しております。私は、今まで皆さんにいろいろうるさく言ってきましたが、お互いの幸せのためだと信じています。そして、これからもお互いのために自然の理に基づいた躾こそが、古くてまた、新しい当社のモラルとモラールを確立する道だと思っております。

46

失敗を他人のせいにする人は本当の喜びを得られない

先日ある会社の方とお会いする約束をしました。「何日の何時にいたしましょう」ということになり、その日私は他の方とのお約束を延ばしていただいて、その方の来るのを待ちました。ところが、お約束した時間になってもその方は見えません。20分、30分過ぎました。「どうしたのだろう」と私がイライラしはじめた頃に、「すみません」と息を切らせながら見えました。そして、「何おうと思ったところに急に来客があって」とおっしゃいました。

私に納得してもらうためにも遅れた理由をきちんと話すのも必要ですが、遅れたことを人のせいにして、自分のせいではないという言い方がとても不愉快でした。よく社長（現・川野幸夫会長）や専務（現・川野清巳社長）が約束を守れない人とは付き合うに値しないと言いますが、そのとおりだと思います。

職場でも、お互いに神様ではないのですからミスをすることもあります。そんなとき思わず言いわけをしてしまうものです。人間はもともと自分勝手ですから、自分を守るためであるならば最大限の努力をするのです。

私は、社長・専務や若い皆さんと話をしながら〝世代のギャップだから仕方がない〟と思うことがたびたびあります。でもよく考えてみますと、現実として「世代のギャップ」というものは、本当はないのだと思うのです。いや絶対にないとは言えません。私と社長・専務・若い皆さんと同様の価値観があるとは言えません。たとえば、食べ物にしても物の豊かな時代に育った人たちは食事を残してもあたり前になっています。それを見る年配の人はどうでしょう。ほとんどの人が「もったいない」と思うのではないでしょうか。

戦後の貧しい時代を経験している人なら、大なり小なりそのような価値観があって当然だと思います。このように毎日の食べ物ひとつをとってみても、やはり価値観のギャップがあるのです。けれどもここで大切なのは、現実がどうこうということよりも、私たちの考え方がどうかということだと思います。たとえば、何か不都合なことが起きたとします。それを改善していくためには、原因を分析してみることがまず大切なのですが、私たちはその原因を他人に求めたがります。よく皆さんも言いわけをします。聞いているとまったく自分勝手な言いわけで、すべて自分にとっては不利にならないで他人のせいにしてしまうのです。確かに聞いていますと一理あるのですが、狡猾な手段だなと私は思います。他人のせいにする、それが果たして自分の幸せの道につながっていくのでしょうか。

面白くないことが起こる。自分が不利になる。これはすべて他人から出たことでしょうか。そうではないのです。その原因は多く自分にあるのです。このことについて私たちは、もっと深く考えていかなくてはいけないと思います。すべての失敗の原因を自分に求め反省する人は、他人から敬意を表され、いやがうえにも人間的に向上していくのだと思います。

私たちにとって職場に限らず、一人の人間としても成長し幸福になるためには、不都合な原因はまず自分にあるという考え方が大切なのではないでしょうか。

ある有名なコックさんのお話を聞いて、私も自分と重なっているのでとても身につまされました。そのコックさんは、「先輩は私たちに料理のことなど一つも親切に教えてくれないのです。すべて見よう見まねです。特に先輩の味つけは絶対に秘密ですから、洗い場にまわされてくる鍋の底に残ったソースをこっそり指でなめて覚えたのです。そして技術を覚えるために、仕事中に左腕に4Bの鉛筆で味つけの要領から料理の手順まで書き、わずかな休み時間にその左腕からノートに書き写し、自分の教科書にしました。『教えないで覚えさせる』といった修業は辛かったけれど、自分で発見する喜びと感動があった」と言っています。

昔の人の多くは、こんな苦労をして理屈抜きで精進してきたから得るものが多いのです。でも今の人たちは、料理にしても調理処方書を読み、仕事についても最初から手をとって教えてもらう形になってきているから、仕事の本当の喜びを知ることができず、不満がつのって他人のせいにするのですが、それではかえって自分で不幸をつくっていくような気がします。

私は決して昔のやり方を皆さんに押しつけようとは思いませんが、何事も自分の考え方次第という気持ちで、自分で創意工夫し、チャレンジしてみることのできる人、「なんていい仕事をするのだろう」と他から信頼される人になってもらいたいと思うのです。

今の若い人たちのなかには「お金があれば何でもできる。この世の中に制約はないと同じだ。好きなことを好きにやって何が悪い」式の考えを持っている人もいるようですが、そういう思いあがった考え方だと、その行きつく先は孤立ではないかと思います。

確かに私が育てられた商家の躾には不合理なものもありましたが、「人間はどう生きるべきか、商人はどうあるべきか」の命題に対する不変の真理を学んだような気がします。「美しい生き方」というのは誰でも難しいけれど、その本質は「他人を愛し感謝の心を持つ」ことだと思います。「他人を憎み自分を愛する」という間違った考えは本当ではない、この真理に目ざめないと、自分の取る道がわからなくなってしまうと思います。

強大な影響力を持つようになった日本が、明日の世界のために率先して美しい生き方の模範を示すときがきています。そこで国民の私たちの躾という課題が最も重要になるのです。

47

仲間にもお客さまと同様の気配りをする人は伸びる

私たち商売の世界では、「次工程はお客さま」という言葉があります。次の工程をお客さまがするとしたら、そのお客さまのことを考えて、十分に気をつかって買いやすいように配慮するということです。

以前に電車のなかで立派な紳士がある方に席を譲っておりました。どうやらご自分の会社のお得意さまのようでした。これも実は「次工程はお客さま」という論理に基づいた行動で、お客さまだと意識することによって行動が違ってくるのです。私たち商人にとりましては、確かにお客さまが一番大切なのですが、それはまず周りの人たちに気を巡らすことからはじまるのではないでしょうか。

私たちは「親」「夫婦」「子供」「友人」「お客さま」をはじめ、種々の自然環境、「空気」「水」「太陽」など実にさまざまなものが自分自身を育んでくれていることに気づきます。

このように周りから実に多くのものを与えられているのにもかかわらず、ただもらうこと、取ることだけに汲々《きゅうきゅう》としていると、欲ばることだけで感謝の気持ちなどがなくなってしまいます。与えられたら相手に与える、これがまともな考え方です。まず自分のできることで周りの役に立ち、会社でも役に立てる人間になることが大事です。

日進月歩、目まぐるしく変化するビジネス環境のなかで、有益な自分づくりはやはり「次工程はお客さま」と気を配って仕事をすることですが、そのための大きなキーポイントは貴重な時間を有効に活用することです。

私はたびたび職場で時間を無為に過ごしている社員を見て、「ああもったいない」と思います。どうも私たちは嫌なことは先送りにし、好きなことなら時間のムダも気にならないという部分を持っているようです。この習慣を打ち破るにはなかなかエネルギーがいります。たとえばよくあることですが、周りでムダなおしゃべりをしている、注意しなくてはと思うのですが、勇気をふるい起こさないとできません。とても大切なことですが、最終的にはふだんの自分の行動がものをいいます。自己規制力のないものが注意しても誰もいうことを聞きません。常に自分を規制し周りのことによく気づく。これが成長の原動力だと思います。

昔のことになりますが、私の若い頃は大晦日は夜通しでした。24時まで働いて初参りをし、帰ってから店をすっかり掃除して、朝3時に寝て7時に起きてお雑煮で祝う。それからご近所やお知りあいに年始回りをしたあと、夜までの約半日が自分の時間でした。2日からもう初商いですから、この元日の休みが嬉しくて何カ月も前からあれこれ予定し、正月が来るのを何よりも楽しみにしていたものです。現在は休みも増え、給料も増えてきましたが、皆さんはどれだけ喜んでいるのでしょうか。

確かに人間は喜んでいる反面、もっと欲しいと不満をつのらせるもので、人間の欲望というのは限りがないのかもしれません。しかし、それではいつまでたっても心のやすらぎはないのではないでしょうか。周りでこうしてくれた。会社でこうしてくれた。私もそれに報いなくてはという感謝の心、お役立ちの心が今必要なのではないでしょうか。

48

逃げずに責任を果たすことが人生を切り拓く唯一の道

今まで当社のなかでもいろいろな人間像を見てきましたが、大きく二つに分けますと、何事も積極的で肯定的な生き方をする人と、何事も否定的にばかり考えてあきらめと妥協のなかで生きる人とがあり、その人の考え方次第でその人の人生も決まってしまうようです。

「好きこそものの上手なれ」と言いますが、わくわく楽しんでやると夢がふくらんで気がついたら熱中しています。だから好きなことをするということは、自分らしさを磨き出す道なのですが、じゃあ好きなことだけやっていれば生きていけるかというと、人間として一番大事な責任ということが忘れられてしまいます。辞書を引いてみますと、「責任」とは「人が引き受けて果たさなければならない務め」「行為の主として悪い結果を身に引き受けること」「当然やらなければならない務め」と書いてあります。

人は他の人や周りの環境と無関係には生きられません。そのため生きていくうえでさまざまな制限や束縛が生まれてくるのです。人間一人ひとりが生きていくために果たさなければならない務め、つまり「責任」が生じてくるわけです。

昔は親が子供を早く一人前に育てて自立させたいと強い意志で育てました。ところが現代は数少ない子供を大切にし、しかも時間をかけて育てます。だから親や他人に依存する傾向が強くなり、なかなか成長できないのです。すべてを与えられ面倒を見てもらう依存から、お互いに与え合う相互の助け合いの関係にしっかり移れる人は、つまり「大人」になったということなのです。しかし、今の時代は他人に依存することに慣れてしまうので、自分のことに責任を持つことを回避する習慣が身についてしまいます。

たとえば、うまくいかない原因を自分以外のせいにする人、自分の努力不足を人のせいにする人たちです。自分の周りに起きる出来事で、自分にとって不都合なことをすべて自分以外のせいにすることは、自分の能力を磨くチャンスを自ら失っていくということなのです。

この長い人生は、ムダな時間の積み重ねと思いがちですが、しかし一日一日の連続がその人の一生を形づくっているのです。今日一日がつまらない日で不満ばかりであるなら、毎日を不満と愚痴で生きている人なら、その人の人生は輝いた晴ればれしい一生とは言えません。誰でも自分の周りすべてを自分の思いどおりにすることはできません。

順境であろうと逆境であろうと、今のこの時間はかけがえのない私たちの生きている証拠なのです。

それならば、その今に全エネルギーを投入して自分の責任を果たすことが、自分の人生を切り拓いていく唯一の道だと思います。逃げたり、責任を回避したりするずるい行動からは自信も生まれませんし、よい協力者もできません。よく見ておりますと周りから人格を認められている社員は、苦しいことに真正面からぶつかってそれを乗り越える努力をしている人です。

「人生とは流れる大河のようなものだ」と言います。流れる水は同じに見えても時々刻々と変わっているということです。人間を取り巻く環境条件も決して同じではありません。今までの経験に基づいたり、自分の成功体験を頼りに未来に臨んでも、うまくいくという保証は何一つないのです。成功や安定のなかには常に失敗と破綻の芽が仕込まれています。このような環境のなかで可能性に挑戦し続けることが、自分を磨くということなのです。

人間はぜったい一人では生きられません。諸々の人びとに助けられて生きているのです。

こういうことがわかって真からお客さまへのお役立ちをする。つまり本物のビジネスマン、本物の企業だけが勝ち残っていける時代に突入したのです。

49

魅力を高めるには自分にしかできないことに気づこう

顧客の目がますます厳しくなる環境のなかで、われわれ企業も生き残りを賭けた競争がはじまりました。そういうなかに生きる皆さんとしても、自分自身の存在価値を常に高める努力をしないと、会社のなかでの居場所さえなくなってしまう、そういう時代に入っています。

そこで大切になるのは、自分の存在価値はどんな物差しで計られるのでしょうか。つまり、自分は何を期待されているのか、ということがわかっているのだろうか、ということです。

過日、ある大きな会社の幹部と会う機会があって、意外な話を聞かされました。まだそんな歳ではないと思うのですが、過去を懐かしむ話をたくさんするのです。一言で言うと、「昔は良かった」ということです。その会社に入社してから早15～16年経ち、昔は必要とされていた自分が、今は重要な位置からはずされている。「仲間は出世したのに私は出世できない」という悩みでした。

どうしてこの幹部はそう思うのでしょうか。人間として、これほど辛い状態はないと思うことを他社の私に話すのですから、自分自身でそう思い込んでいるのでしょう。私は言いました。

「今、あなたと私とで決めていることも、とても重要な仕事なのですよ」と。

つまり、その会社と私との約束をきちんと果たすべく社長の代行で来ているわけですから、立派な仕事なのだし、そのことをきちんと果たすこと自体が、その人の存在価値の証明なのです。こんなにきちんとした役目を指示されながらいったい何を考えているのでしょうか。「出世が遅れた」と決めつけて悩んでいるとしたら、その人の人生がもったいないと思います。

まず出世が早いとか遅いとかいう前に、自分がこの人生で何をやりたいのか目標をはっきりさせること。そして、決めたら目標を実現するために今の時点で、何をどうすればよいかを考えることが先だと思うのです。

たった一度きりしかない人生なのだから、悩みは自ら打破して、自分の役割をそれなりに精一杯に果たすこと、これこそ最高の人生だと思うのです。

私は人をよく観察するくせがあります。「この人はこういうことには秀でている」とじっと見ていると、その人は思ったとおりその人しかできないことをやってのけているのです。その幹部だって、私との交渉ぶりはなかなか堂に入ったもので、その役がその人にとって当たり役なのに、気がつかないのは本人だけです。

そして、一番マイナスになることは、他人と比較している限り心の安らぎはないということです。誰が認めてくれるのか気にするよりも、自分は自分らしく与えられた仕事を精一杯やる、自分の実力を最大限に発揮することのほうが本当の幸せだと思います。社内の出世競争を勝ち抜こうとファイトを燃やすのも一つの生き方だと思いますが、しかし、他人と比べて自分勝手な優越感、劣等感に一喜一憂する。そんな低次元の生き方をするより、自分らしく生きる人間のほうが魅力があります。

その幹部の言っていることを要約すると、「業績チェックは甘くし、そして毎年確実にベースアップをし、リストラなど絶対にないと保証してくれれば安心して働ける」ということのようですが、果たして今時そんな甘い会社があるでしょうか。あるとすれば、社員が安心しているうちにその会社がなくなってしまうのではないでしょうか。社員に不安を与えない代償として、〝会社の倒産〟という今とは比較にならないほどの苦しみを全社員に与えることになるのではないでしょうか。

どうもその幹部は、収入とか終身雇用とかを重視しているようでしたが、それがすべてなのでしょうか。たとえば、これからやりたい仕事とか、部門の未来をどうしたいとか、お客さまとの関係をより親密にするために、どのように業務を改革すべきなのか、考えているのでしょうか。思うようにいかないのを「会社のせいだ」とか「環境のせいだ」とか他のせいにして気がすむのでしょうか。本当に不幸せなのは本人自身なのでしょうし、一番被害を被るのはその部下ではないでしょうか。

昔から「人のふり見てわがふり直せ」と言います。よい機会ですから皆さんたちもこの際、会社との関係で自分が貸方《かしかた》人間か、借方《かりかた》人間か、考えてみることが大事だと思います。もし、借方人間なら急いで貸方人間になるための方向に修正することです。不満や不安感を持つ人は絶対に良い仕事はできません。

当社の組合誌『なかま』１９９６年8月号に新入社員編がありました。それぞれが仕事関係や人間関係に悩み苦しみながら、早く一人前の社員になりたいと、前進できる道を探っているようです。

実にけなげです。こういう部下たちが、安心して仕事に精を出せるよう教え導いてあげられるのも、先輩のあなたたちなのです。しっかりしましょう。つまらない回り道は自分のためになりません。

50

変化を乗り切る方法は自分の頭で考えるしかない

1980年代の終わり頃までは、日本は戦後一貫して高度成長を続け、その結果、戦後の焼け野原からの日本経済復興は世界の奇跡とまで言われたのです。そして世界は安定したかに見えました。

日本のなかでのビジネスマンも、会社や上司の指示する方向で、与えられた仕事を言われたとおりにやれば、成果も出て評価につながりました。定年まで真面目に会社に忠誠を尽くせば、人並みの老後も保証されるという大前提のもとに、自分の人生の設計図が描けました。そのような恵まれた時代背景のもとに、多くの人びとは、「日本の経済成長はこれからも続く」と信じたわけです。

ところがバブル崩壊を機に、「この道を進んでいれば大丈夫」と信じていたものが、一挙に崩れてしまいました。この大激変の波は、企業とビジネスマンに対して、これからの時代の生き残りをかけた大きな変革を迫ってきたのです。

もちろん、「われわれ企業は環境適応業」であるわけですから、会社も働く皆さんも環境に適応するためには、従来の思考回路を変えなければならないわけです。とにかく、今までのやり方が通用しないのですから、これからの時代に通用するやり方を、利益を上げるタネを、成果に結びつく方法を、一人ひとりが自分の立場で、自分の頭で考え、自分でつくり出していく以外には存在価値がなくなったのです。そして、その方向に思考を変えていくことは、誰のためでもなく自分のためなのです。

しかし、長年慣れ親しんできたやり方、考え方を捨てて、新しく情報を活用する考え方を身につけ、それを本物にするには、自分を否定することでもあり、痛みや苦しみを伴うことも事実です。そして、その苦しみを強く感じますと、せっかく持っている才能やエネルギーが、自己革新の邪魔をしてしまいますので、それが問題だと思います。

いずれにせよこのようなビジネス環境になったのですから、皆さんも、上から指示されたことだけを、今までのやり方でやっていく社員から、自ら主体的に情報を活用して、自分で新しいやり方を考えて、自分から行動してより大きな成果に結びつけていく。そのような人間へと変身しなければならなくなりました。

もともと日本人は、インプット能力は優秀ですが、アウトプット能力は弱いと言われています。これからは、日本人の一人ひとりにそのアウトプット能力が求められてきます。私たちの一番苦手な部分ですが、もう誰も教えてくれないのですから、自分で進むべき道を作っていくしか方法はないわけです。

今はもう皆さんもあらゆる面から、「国も、企業も、個人も、大変な時代に突入したのだ」ということを、ひしひしと感じていると思います。だからこそ私たちは勇気を持って、今までの考え方と、やり方を差し替える努力が必要なのです。

先日、ある方からとても楽しいお話をうかがい大笑いしました。元日の朝、大晦日の掃除で置き忘れた雑巾が床の間にあったのをそこのご主人が見つけて、「縁起が悪い」となりました。

ところが、奥さまがにこにこして、「そんなことはありませんよ、あちらふくふく、こちらふくふくですよ」（註／「拭く」と「福」をかけた）と言ったら、ご主人も思わず笑い出して、家族で楽しい正月を過ごせたそうです。

ものはとりようです。当社にとっても厳しいことの連続だと思いますが、後ろ向きの発想では何事もうまくいきません。

新しいことは常に前にあるのです。だからこそ何事も前向きに考えて「自分の人生を自分で切り拓いてゆく」素晴らしい年にしましょう。

本書は、２００２年８月にヤオコーの社内向けに発行された同社前取締役会長、川野トモ・著『商いのこころ——真心で語る商いの原点——』に前書きを加え、改題・再編集したものです。

川野幸夫 かわの・ゆきお

株式会社ヤオコー代表取締役会長。1942年、埼玉県小川町にヤオコーの実質的な創業者である川野トモの長男として生まれる。1966年、東京大学法学部卒業後、1969年に有限会社八百幸商店（現・ヤオコー）に入社。代表取締役専務、代表取締役社長などを経て2007年より現職。2009年からは日本スーパーマーケット協会会長も務める。また、1989年に財団法人川野小児医学奨学財団を設立、小児医学の研究助成や医学生の学費支援といった活動にも取り組む。2009年「第7回渋沢栄一賞」受賞。

川野トモ かわの・とも

ヤオコー前会長で、川野幸夫会長、清巳《きよみ》社長の実母。旧姓・門倉。1920年、埼玉県小川町生まれ。1941年に川野荘輔《そうすけ》と結婚。1957年に八百幸商店の有限会社化に伴い監査役に就任。1974年に八百幸商店を改組して株式会社ヤオコーを設立、専務取締役に就任。その後、代表取締役社長、代表取締役会長などを経て、2007年、名誉会長に就任。同年8月、87歳で逝去。

ヤオコー

首都圏を中心に114店舗を展開する東証1部上場（1997年）のスーパーマーケット。1890年に埼玉県小川町で八百幸商店として創業し、八百屋を経営していたが、1958年に著者の母・トモ氏の主導でスーパーマーケット化を決断。不況・デフレのなか、2011年3月期まで22年連続増収増益（単体決算）を実現している。2011年3月現在の資本金41億9900万円、売上高約2211億円、従業員9470人。

装丁：朝倉まり
本文DTP製作：荒川典久

日本一強いスーパー　ヤオコーを創るために母がくれた50の言葉
平成23年9月29日　第1刷発行

著　　者　川野幸夫
発 行 者　皆川豪志
発 行 所　株式会社産経新聞出版
〒100-8077 東京都千代田区大手町1-7-2 産経新聞社8階
電話　03-3242-9930　FAX　03-3243-0573
発　　売　日本工業新聞社　電話 03-3243-0571
印刷・製本　株式会社　シナノ　電話 03-5911-3355

ISBN 978-4-8191-1143-0　C0095